"读懂中华文明"系列

读懂清代文明

姜正成 编著

远方出版社

图书在版编目（CIP）数据

读懂清代文明 / 姜正成编著. -- 呼和浩特：远方出版社，2024.9. --（"读懂中华文明"系列）.
ISBN 978-7-5555-1963-8

Ⅰ.K249.03

中国国家版本馆CIP数据核字第2024Y7W147号

读懂清代文明
DUDONG QINGDAI WENMING

编　　著	姜正成
责任编辑	李嘉麟
封面设计	李　玉
版式设计	姚　雪
出版发行	远方出版社
社　　址	呼和浩特市乌兰察布东路666号　邮编 010010
电　　话	（0471）2236473总编室　2236460发行部
经　　销	新华书店
印　　刷	北京洲际印刷有限责任公司
开　　本	710毫米×1000毫米　1/16
字　　数	165千
印　　张	12.5
版　　次	2024年9月第1版
印　　次	2024年9月第1次印刷
标准书号	ISBN 978-7-5555-1963-8
定　　价	66.00元

如发现印装质量问题，请与出版社联系调换

前 言

清王朝是我国封建帝制的最后一个王朝，对中国历史产生了深远影响。在康熙、雍正、乾隆三朝，清代发展到顶峰，这一时期，统一多民族国家得到巩固，基本上奠定了中国版图，同时君主专制也发展到顶峰。在此鼎盛时期，清朝的政治、经济、文化、建筑、生活习俗等方面在传承的基础上不断地创新与发展。

清王朝是在明末农民大起义胜利的基础上建立起来的，它前后共经历了268年。在政治上，清朝沿袭和发展了高度中央集权的封建君主专制的政治体制，在社会经济、民族文化和国家统一等方面，清朝也取得了一定成就。同时，清朝又是我国从封建社会逐步沦落为近代半殖民地半封建社会的转折时期。

清代在鸦片战争以前，出现了一批大型的商业资本。当时的商业资本所积累的巨额财富，除了扩大经营以外，已有一部分投向生产，为资本主义因素的发展提供了必要的历史前提。随着商品经济的发展，我国各民族之间进行长期的经济交流和文化往来，彼此之间的联系更加密切。因此，这一时期统一的多民族封建国家得到进一步巩固和发展也是必然趋势。

清朝的经济大体上可以分为前后两个时期。前期是从我国东北地区进入北京建立政权（1644）起至乾隆末年（1795）止，为清朝最强盛富庶的时期。为巩固政权，维持国家的财政收入，康熙朝采取了一系列恢复和发展社会经济的政策，使社会经济得到恢复和一定程度的发展。雍正至乾隆年间，社会经济获得了稳定的增长，出现了繁荣的局面。后期从嘉、道时期至清政权被推翻的宣统末年（1911）止，社会政治、经济逐渐走向衰微，呈江河日下之势。

为弘扬传统文化、普及中华文明与历史知识，本书通过简明通俗的语言，深入浅出地解读清代历史文明。本书从制度、经济、科技、思想、文学、艺术、习俗等方面，展示了清代的社会风尚与面貌。本书涵盖了清朝文明的诸多方面，同时具备系统性、严密性与历史普及读物的全面性、简易性，它既可作为大型工具书以检索清代文明，又可作为通俗的读物进行阅读。

目 录

第一章 蓬勃发展——光辉灿烂的农业与手工业文明

传统农业时代粮食产量的高峰…………………………… 002

农业推广精耕细作………………………………………… 005

综合性农书:《授时通考》………………………………… 007

复兴瓷都景德镇…………………………………………… 009

绝世彩瓷:康熙五彩……………………………………… 012

清代独创:粉彩…………………………………………… 014

瓷中瑰宝:珐琅彩………………………………………… 017

器道统一:文人壶………………………………………… 020

清代之最:青花茶具……………………………………… 022

千文万华的漆艺文明……………………………………… 025

"四大名绣"实至名归……………………………………… 027

民间剪刻艺术的发展……………………………………… 031

民间塑作手工艺术………………………………………… 035

　扩展阅读　清代德化白瓷……………………………… 037

第二章 谁与争锋——问鼎世界的清代商业文明

富甲一方的晋商 ……………………………………………… 040

汇通天下的票号 ……………………………………………… 042

天下第一号：日昇昌 ………………………………………… 044

无徽不成的徽商 ……………………………………………… 047

独资与合资并存的鲁商 ……………………………………… 049

商界翘楚：乔致庸 …………………………………………… 052

扩展阅读 "一文钱"的故事 ………………………………… 055

第三章 碧园皇庭——独具特色的清代建筑文化

南秀北雄的园林文明 ………………………………………… 058

万园之园：圆明园 …………………………………………… 062

园林博物馆：颐和园 ………………………………………… 064

最大帝王宫苑：承德避暑山庄 ……………………………… 066

独特民居：四合院 …………………………………………… 068

独一无二的"土楼" ………………………………………… 070

最大皇陵：清东陵 …………………………………………… 073

扩展阅读 帝王陵寝：清西陵 ……………………………… 075

第四章 凤毛麟角——清代文化新气象

- 千古奇书《红楼梦》 …… 078
- 文言短篇小说巅峰《聊斋志异》 …… 081
- 批判之最《儒林外史》 …… 084
- 文化饕餮《四库全书》 …… 086
- 批评怪杰：金圣叹 …… 089
- 旷世奇才：龚自珍 …… 091
- 扬州怪才：郑板桥 …… 095

第五章 南腔北调——曲艺"唱响"清代文化

- 国粹京剧的诞生 …… 100
- 洪昇与《长生殿》 …… 103
- 孔尚任与《桃花扇》 …… 106
- 开启相声艺术文化之先河 …… 110
- 皮黄腔的形成 …… 113
- 梆子腔臻于成熟 …… 116
- 说唱艺术的兴盛 …… 119
- 秧歌戏蓬勃发展 …… 123
- 扩展阅读　吹吹腔 …… 125

第六章　别"具"风采——盛世繁华的清代家具

沉稳瑰丽的京式家具…………………………………………… 128

引领潮流的广式家具…………………………………………… 130

传承发展的苏式家具…………………………………………… 132

形式各异的"凳"文化…………………………………………… 134

清代座椅见功夫………………………………………………… 137

古香古色的桌台架格…………………………………………… 140

扩展阅读　宫中工匠的待遇…………………………………… 143

第七章　妙笔生辉——流派纷呈的清代书画

开创碑学之风：邓石如………………………………………… 146

清初画坛"四王"………………………………………………… 147

花鸟名家　恽寿平……………………………………………… 151

笔墨创新之典范：石涛………………………………………… 153

画坛群雄"扬州八怪"…………………………………………… 157

程邃与制印……………………………………………………… 162

黄牧甫与黟山派………………………………………………… 163

"浙派"篆刻……………………………………………………… 165

娃娃年画的雅俗文化…………………………………………… 169

扩展阅读　北方木版年画：杨柳青…………………………… 170

第八章　宫俗民风——别具特色的清代生活

宫廷宴享乐舞习俗 …………………………………… 174
清代的冰嬉运动 ……………………………………… 176
民族节日歌舞文化 …………………………………… 180
宫廷游戏"九九消寒图" ……………………………… 182
宫廷围棋的盛行 ……………………………………… 185
鼎盛的茶馆文化 ……………………………………… 187

第一章
蓬勃发展——光辉灿烂的农业与手工业文明

清代是我国传统农业发展的鼎盛阶段。这一时期，农业生产有较大的发展。这一时期粮食生产达到空前的规模，农业技术在传承中创新，农业著作也应时而生。手工业在这一时期繁荣发展，尤其是制瓷技术的改进使制瓷业的发展达到了顶峰。

清代的刺绣也逐渐形成流派，走向成熟，剪刻技术和塑作手工业也得到了发展。

传统农业时代粮食产量的高峰

清朝时，在国家长期和平统一局面下，土地被大量垦辟，农业区空前扩展，南北差距逐渐缩小，但某些地区的生态平衡也受到了破坏。几种重要农作物的引进和推广，加速了耕地的扩张、粮食的增产和在这基础上商业性农业的兴起，但在多种经营进一步发展的同时，农牧用地比例逐渐出现不平衡的状态。土地利用更为集约，耕作栽培更为精细，尤其是在人口增长导致全国性耕地紧缺的情况下，人们在千方百计垦辟新耕地的同时，也致力于提高复种指数，土地利用率达到传统农业的最高水平。农业技术虽然继续发展，但农业工具却甚少改进。土地利用率和土地生产率虽有明显提高，但农业劳动生产率却有下降的趋势。

在制约明清农业发展的诸因素中，人口因素的作用较大，需要在这里作简要的说明。

人类社会存在相互制约的两种生产，物质资料的生产和人类自身的生产。人口与农业的关系实质上是这两种生产的关系。一方面，农业生产的发展为人口增长提供物质基础并规定了它的极限。在农业经济的不同类型中，人口演变有不同的规律，在正常条件下，小农经济占统治地位的农区，人口往往能较稳定地增长，牧区人口增长则因牧业受自然条件变化的巨大影响而呈现不稳定性。另一方面，在生产工具落后的古代，劳动力的数量对农业生产有着重大意义，因而人口的消长、转移、分布极大地制约着农业生产的发展，对不同时代、不同地区农业面貌产生深刻影响。

我国历史上的人口发展呈波浪形曲线上升的形态，并形成若干梯级。先秦时期，生产力水平低下，人口还很稀少，也缺乏可靠的人口记载。战国以后，生产力出现飞跃，人口增长也较快。汉代始，有了全国人口统计数字，从那时到五代，人口反复波动，统计人口数量没有超过0.6亿的时候。

宋代南方大规模的开发使得人口开始了长期地增长，宋代最高人口数已突破1亿。明代最高人口约在1.2亿。人口到清代又上了新的台阶，长期持续高速增长。康熙末年已恢复到明盛世人口水平；乾隆末年，人口猛增到3亿；鸦片战争前夕，人口已突破4亿大关。清代人口空前增长的原因是多方面的，而农业生产的相应发展无疑是重要前提。明清农业发展存在一些有利条件。我国自元朝以后再也没有出现过全国性的分裂局面。但元代国祚较短，又实行严酷的民族压迫与掠夺政策，农业生产遭到破坏，入明后我国才有了长时间的和平和统一。清朝建立后，国家空前统一，社会空前稳定。这种局面对农业生产发展十分有利。

清代农业生产的发展是显著的。据近人研究，明万历年间我国耕地面积约为7.86亿亩，粮食亩产243斤，粮食总产约为1446亿斤。清代鸦片战争前夕耕地面积为11.47亿亩，比明后期增加64%；粮食亩产310斤，比明后期增长27.6%；粮食总产量为3022亿斤，比明后期增长一倍多，达到我国传统农业时代粮食生产的最高峰。

中国传统农业发展虽然受到人口发展的严重制约，但是凭借其顽强的生命力经受了这次历史考验。它依靠什么办法呢？一共有三条办法。第一条是千方百计开辟新耕地；第二条是引进和推广新作物，前两条相互联系；第三条是依靠精耕细作，提高土地利用率和单位面积产量，这条最重要。正是全国人多地少的格局促使精耕细作成为不可逆转的趋势。

知识链接

清代砂田

约清康熙年间，以兰州为中心的陇中干旱瘠薄地区，出现了举世称奇的砂田。砂田有旱砂田和水砂田之分。建造砂田，先要深耕，施足底肥，耙平敦实，然后在土面铺上粗砂和卵石或片石的混合体，旱砂田的厚度约8~12厘米，水砂田的厚度约6~9厘米。每铺一次可有效利用三四十年，老化后要重新起砂、铺砂。砂田具有增温、保墒、保持地力、压碱等功效，与一般田地相比有明显增产作用，十年以内的新砂田增产幅度可达30%~50%，而且不用施肥，杂草也少。清代的砂田有效地促进了陇中农业的发展。

农业推广精耕细作

间套作和轮作复种是一种多物种、多层次的立体布局，这种充分利用土地的方法还可以从大田扩展到水体，从种植业扩展到多种经营。例如，汉代已出现利用陂塘灌溉种稻、塘内养鱼种莲、堤上植树的土地综合利用方式，考古工作者已发现许多类似这种情况的汉代陂塘水田模型。

《水经注》卷二十八《沔水》载东汉习郁依"范蠡养鱼法"，在大陂中引水作小鱼池，"楸竹夹植，莲芡覆水"，亦属此类。明清时期则把这种经验推广到低洼地区，形成很有特色的堤塘生产方式。

珠江三角洲1/3耕地属低洼地区，水患严重，有的还受海洋咸水威胁。当地人民把低洼地深挖为塘，土覆四周为基。基和塘分别发展种植业和养鱼业，既消除了上述不利条件，又扩大了生产领域。这种基塘生产方式约产生于元明之际，最初，基上种荔枝、龙眼、柑橘、香蕉等，称果基鱼塘。

明末清初，随着蚕桑业的发展，桑基鱼塘成为主要的基塘类型，形成"基种桑，塘养鱼，桑叶饲蚕，蚕粪饲鱼，两利俱全，十倍禾稼"的生态体系。亦可在塘上养殖水生饲料以喂猪，以猪粪、塘泥肥桑，生产内容更为丰富。除桑基鱼塘和果基鱼塘外，当地还有稻基鱼塘、蔗基鱼塘、葵基鱼塘等。

据《补农书》等记载，明末清初浙江嘉湖地区形成"农桑鱼畜"相结合的生产方式。圩外养鱼，圩上植桑，圩内种稻，又以桑叶饲羊，羊粪壅桑，或以大田作物的副产品或废脚料饲畜禽，畜禽粪作肥料或饲鱼，塘泥肥田种禾等。这些生产方式巧妙地利用水陆资源和各种农业生物之间的互养关系，组成合理的食物链和能量流，形成生产能力和经济效益较高的人工生态系统，把土地利用率提到一个新的高度。

当前，在对中国式农业现代化道路的探索中，把传统经验与现代科技相结合，全国各地掀起研究和推广各种立体农业模式的热潮。立体农业的主要特点是多种生物共处与多层次配置，提高资源利用率、土地产出率和产品商品率。这种立体农业的雏形，明、清时即已出现，它预示着农业发展的一种方向，具有深远的意义。

从上面的介绍可以看到，明清精耕细作的农艺是继续向前发展的，但农业工具和农业动力却是停滞不前的。因而，农艺的精细化并没有带来农业劳动生产率的相应提高。

明清时期，尤其是清代，情况发生了较大的变化。由于人口激增，每个农户平均占有的耕地明显缩小，小农经济变得更加细碎。为了缓解人口激增所产生的粮食问题，除了垦荒、引进和推广高产作物外，还大力推广多熟种植，土地利用率达到了传统农业时代的最高峰，施肥和育种等技术也有相应的发展。

但是另一方面,牛耕的使用倒退了,农具基本上没有新的发展。实际上,唐宋时代的一些大型农具反而鲜见使用了,在经济最发达的江南,铁搭竟然在很大程度上代替了耕犁。清代的农业技术基本上是前代的延续,除了局部以外,可以说没有突破性的发展。其农业的发展更多依靠增加人力的投入,而不是依靠牛耕的普及和工具的改进。

综合性农书:《授时通考》

明清是我国农书创作繁荣且成果丰硕的时代。据《中国农学书录》统计,我国历代农书共542种,其中属明清时期的有329种,相当于前代农书总和的1.5倍。20世纪末,又有人新查出明清农书近500种,合计约830种,为前代所不可比拟。

这些农书内容丰富,形式多样,不乏高水平的佳作。这是当时农业生产与农业技术向前发展的一种标志。《授时通考》和明末的《农政全书》,与北魏贾思勰的《齐民要术》、元官修的《农桑辑要》以及元王祯的《农书》等,是中国现存的古代农学专著中的杰作。

我国最后一部大型综合性传统农书是清乾隆年间南书房和武英殿的翰林们奉旨编纂的，成书于公元1742年的《授时通考》。全书分天时（农业气象及四时农事活动等）、土宜（农业地理、土地制度、农田水利等）、谷种（粮食与豆类作物的品种）、功作（垦种、耙耢、播种、施肥、耘耔、灌溉、收获、攻治等大田生产诸环节）、劝课（历代政府重农措施）、蓄聚（仓储制度）、农余（蔬菜、果树、林木、杂植、畜牧）、蚕桑（包括棉麻等植物性纤维生产）八门。

《授时通考》分篇不是依据农业生产的各门类，而是依据影响农业生产的诸因素，其理论基础为"三才"学说。天时、土宜、谷种分别为天、地、稼，其余各门为人事。人事中既包括各种农事活动，也包括朝廷对农事的劝课以及通过仓储调节粮食供需、平抑市场粮价等活动，后者是传统农业作为社会再生产的重要环节。把粮食生产以外的农事活动归入蚕桑和农余两门，则反映了我国传统农业结构特点和人们的传统观念。

《授时通考》一书只限于辑录汇编历代文献的有关记载，所辑材料分类集中于某门、某目下，然后严格按时间顺序排列。据统计，该书共征引经史子集、农书、方志等各种古书427种，共辑录3575条，98万字，篇幅之巨为传统农书之最。对材料的引用相当严谨，都能找到出处。书中还收集了插图512幅，包括康熙《御制耕织图》在内。

《授时通考》一书的编写体例与类书相似，而编排与征引的宏博精审远远超过前代的类书。其优点是汇集了丰富的历史资料，便于查找；不足之处是缺乏当时的新实践与新经验，有些地方流于对统治者的歌功颂德。

复兴瓷都景德镇

清代前后260多年，康熙、雍正、乾隆三朝堪称盛世，瓷器生产在工艺技术和产量上都达到了历史的高峰，这主要有以下几个方面的因素。

在社会经济方面，经过明末农民大起义和清兵入关的战乱冲击，土地实行了再分配。清政府为巩固其统治，采取了一些措施，如兴修水利、临时性地免除一些赋税和对手工业者废除"匠籍"的束缚等，促使社会生产力普遍提高。

清代的帝王，特别是康熙、雍正、乾隆都比较爱好瓷器。康熙本人重视西洋的科学技术，著名的珐琅彩品种就是在康熙时引进国外彩料创制的，它为粉彩的发展奠定了基础。雍正更是十分重视瓷器的质量，他采用重奖制瓷工人的办法，促使制瓷质量提高。乾隆酷爱各类工艺品，几乎达到了狂热的程度。这些都使官窑瓷器的生产得以迅速发展。

清代外销欧洲的瓷器数量是十分巨大的，当时的外销瓷大都是按照国外指定的器型、图案装饰及釉色、彩色进行制作的，这对民窑制瓷技术的提高无疑有着很大的促进作用。

日益增大的国内瓷器市场，也是促使民窑瓷器生产进一步发展的主要因素。

但是，嘉庆以后随着社会经济的衰退，景德镇官窑瓷器质量急剧下降，民窑方面虽然产量巨大，但已很少有精品之作。

清代代表中国瓷器水平的，仍然是景德镇的官窑器，景德镇以外地区虽也有若干窑场在进行生产，但都处于次要地位。

在整个清代，景德镇始终保持着中国瓷都的地位。

明末的情况是官窑衰败，但民窑由于国内外市场销量大而较为兴旺，清初在景德镇民窑从事制瓷的工人有数万之众。法国传教士昂特雷科莱（汉名殷弘绪）在康熙五十一年（1712）九月一日于饶州发出的一封信，记述了当时景德镇的繁盛景象："景德镇拥有一万八千户人家，一部分是商人，他们有占地面积很大的住宅，雇用的职工多得惊人。按一般的说法，此镇有一百万人口，每日消耗一万多担米和一千多头猪。……《浮梁县志》上说：昔日景德镇只有三百座窑，而现在窑数已达到三千座。……到了夜晚，它好像是被火焰包围着的一座巨城，也像一座有许多烟囱的大火炉。"这里的数字可能有些夸大，但清初开始，景德镇的民营制瓷业就已十分繁荣，这是事实。当然，代表景德镇制瓷最高成就的仍然是官窑。

官窑在清初顺治时期就已恢复，但初期并无显著的成就，康熙十九年（1680）以后，官窑的烧制走向正轨，在各朝皇帝的直接关心下，取得了十分巨大的成就。

从总体情况看，清代官窑自康熙始，不但恢复了明代永乐、宣德以来所有的品种特色，而且还创烧了很多新的品种。清代官窑比较重视单色釉的制作，康熙朝恢复了明代中期以后衰落的铜红釉烧制技术，康熙朝的郎窑红和豇豆红独步一时，当时的天蓝、洒蓝、豆青、娇黄、仿定、孔雀绿、紫金釉等都是成功之作。

雍正一朝虽然时间较短，但官窑制瓷工艺之讲究可以说到了登峰造极的地步。雍正朝烧成了发色最鲜艳的釉里红，青釉的烧造也达到了历史上的最高水平。雍正官窑的器胎、釉之精细，从其底足柔润的程度就可见一斑。

雍正朝的粉彩器，不论官窑、民窑，都是极为讲究的。自雍正开始，粉彩成为彩瓷的主流，它和青花两个品种在整个景德镇烧造的瓷器中占据了极大的比重。

乾隆朝的单色釉、青花、釉里红和珐琅彩、粉彩瓷的制作，在继承雍正朝的基础上，都有极精致的产品。

乾隆以后，随着整个社会经济的衰退，景德镇的制瓷业也逐渐趋于衰落。

清代瓷都景德镇的地位比明代更为突出，除了宫廷用瓷外，社会上的民间用瓷绝大部分也由景德镇供应。景德镇以外地区的窑场多数只是生产一些缸、坛之类的日用陶器。当然，江苏宜兴的紫砂器、广东石湾的仿钧器和福建德化的白瓷也是值得重视的。

绝世彩瓷：康熙五彩

康熙之前的顺治御窑，主要承继明窑余绪，突出了粗犷浑厚、古朴简洁的风格。明代曾禁止民间使用五彩器，这促进了青花瓷器的发展，使青花瓷在明代达到了极高的水准。清顺治年间所制"青花天女散花碗"，碗底有楷书"大清顺治年制"款，便是一件较有代表性的作品，反映出清代初期陶瓷艺术的风貌与水平。

康熙时期，奉命在景德镇御窑督造的先是郎中臧应选，然后是江西巡抚郎廷极，"臧窑""郎窑"是对当时两位督陶官在任时期烧制的御窑的称谓。按类别分，景德镇彩瓷有釉上、釉下及斗彩三大门类。釉上彩有五彩、粉彩，有珐琅彩的染彩等。釉下彩有青花、釉里红和融二者于一体的青花釉里红等。斗彩则由釉下青花与釉上五彩相结合构成。

釉里红是用铜红料描绘纹饰，施盖透明釉后在高温中一次烧成。由于铜在釉中易扩散，在高温下易挥发，釉里红的制作工艺极难掌握，因而明宣德年间的釉里红瓷成了显赫一时的名品，后因难度太大而失传。在康熙时期，御窑厂重新掌握了这种技艺，恢复生产已停烧二百年的釉里红瓷器，其不仅品种之多、颜色之鲜浓艳丽超过宣德时期，而且鲜艳的釉里红纹饰下还刻有纤细暗花，装饰手法比明代更有拓展。郎窑红、豇豆红、霁红均为此时所出的名品。

郎窑红为郎廷极署理窑务时所制，其特征为釉色深艳，色泽光亮，釉的流动性大。

青花和青花釉里红两种釉下彩瓷，最早出现于元代，明代青花瓷有首推宣德之说。康熙时，青花釉里红的制作工艺有所发展。除承继了元明技法之外，还推出釉上绿彩与釉下红彩相结合的手法。更为复杂的釉里三彩，则是以豆青、青花、釉里红相结合，这一品种比纯粹的青花釉里红的制作难度更大。

青花是很具中国传统特色的釉下彩瓷，自元代起就在瓷器生产中占据主流地位。康熙朝的青花不仅保留了以往的特色，而且因生产技术的进一步提高，使其以青翠光艳、层次丰富而享有盛名。人们由于熟练掌握了分水技法，当时能够细致地把料水分为五种深浅不同的料色，因而在描绘物象时，能依靠色阶浓淡的变化渲染出明暗差别的丰富层次，其被誉为"青花五彩"。

承继了"大明五彩"制作传统的釉上五彩，又称"古彩""硬彩"，是康熙时期很有特色的品类。康熙五彩属于釉上彩品种，经过工艺改进，具有坚固透明、鲜艳明快的特色。在装饰手法上，突出了单线平涂的作用，笔力刚劲，色彩鲜明，形象简括，造型格调明朗，又因烧制温度高，劲利结实，故得名"硬彩"。康熙五彩中的重大突破——釉上蓝和黑彩堪称五彩之最，对其风格特色的构成有着最突出的作用。康熙官窑注重的是颜色釉，因此代表五彩瓷制作水平的，是民窑而不是官窑。

康熙五彩除朵梅、朵菊、花蝶、鸳鸯、九鱼、莲鸟等雅静图案外，多数图案显得较丰满，以仕女最为突出。从明末以来，景德镇瓷器的图案借鉴版画风格，在康熙五彩中更是十分普遍，戏曲故事画尤以三国故事题材为多，历来人们视康熙五彩以描绘战争场面的所谓"刀、马、人"图案为名贵。事实上这类"刀、马、人"的画面在元青花瓷中已出现，明代一度中断，因为明代官窑器的图案多数是内官指定图样。到明晚期民窑青花瓷大发展后，这种"刀、马、人"的画面又开始兴盛。

康熙五彩除白地釉上五彩外，更有黄、黑、绿、洒蓝等各色五彩器，它和康熙民窑大件青花一样，多数是为外销而特制的。

清代独创：粉彩

粉彩始创于康熙年间，极盛于雍正年间。康熙年间的粉彩制作较粗，仅在红色的花朵中运用胭脂红，其他色彩仍沿用五彩的制作。到了雍正朝，无论在造型、胎釉和彩绘方面，都得到了空前的发展。

粉彩和五彩在制作工艺上大致有以下几方面的区别。

粉彩制作的特点之一是用玻璃白打底，而五彩并不使用玻璃白。景德镇的制瓷工人在含铅的玻璃质中，引进砷元素，发明了所谓玻璃白，它的成分是氧化铅、氧化硅和氧化砷等。氧化硅是玻璃的主要成分，氧化铅为熔剂，氧化砷引起乳浊作用。玻璃白因有砷的乳浊作用而具有不透明的感觉，这一般在粉彩瓷器图案的花朵和人物的衣服上使用。

在绘彩的技法上，五彩用单线平涂法，粉彩则用渲染法。其步骤是，依照画成的花朵或衣服的轮廓范围，先填上一层玻璃白，由于它不透明，需空出所画笔痕，等干以后，再以色料进行渲染，效果是使花瓣和人物衣服有浓淡明暗之感。例如，雍正粉彩的花朵一般用胭脂红着色，往往在花蕊部分保留的色料最多最厚，从花心到花瓣越往外，红色越淡，使色料本身造成不同层次的立体感，这是五彩单线平涂法所无法达到的效果。

五彩所用的是中国传统的彩料，例如其红色是用以铁为呈色剂的"矾红"等。粉彩则开始时就用进口的"洋彩"，如以黄金为呈色剂的胭脂红、羌水红。此外，还用洋绿、洋黄、洋白、翡翠等进口色料。

在施彩的方法上，五彩用清水或胶水着色，而粉彩以油料调色。油彩的运用是制瓷史上一大改革。

五彩炉火的温度在800摄氏度左右，粉彩则一般在700摄氏度左右。由于粉彩的烘烧温度比五彩低，瓷器烧成后，其色彩在感觉上比五彩柔软，因此又有"软彩"之称。

在上述特点中，粉彩所用的部分彩料是外来的，用油调彩，这显然是受西方的影响。同时也要清楚，粉彩瓷器中并不是所有彩色都是粉彩制作，其中树木的绿叶及矾红彩的部分等，仍然是五彩的工艺。因此，我们可以得出结论：粉彩是在康熙五彩的基础上，是借鉴珐琅工艺发展起来的。由于粉彩的主要彩料和施彩方法都是外来的，故又有"洋彩"之称。

雍正粉彩多数是在洁白瓷质的胎体和极为纯净的透明釉烧成的白瓷上进行彩绘，因此更能突出其淡雅柔丽之美。官窑器的制作更为精细，大部分盘、碗之类圆器的底足已成滚圆的"泥鳅背"。

雍正粉彩瓷已作为当时上层社会的日常生活用瓷，因此盘、碗之类的器物最多，此外，常见的有杯、碟、罐、坛、变形的棒槌瓶、六角瓶、灯笼瓶、花觚、笔筒、悬胆瓶、提梁壶等。

雍正粉彩瓷的图案花纹和青花相比，稍有不同。粉彩瓷以花蝶图为最多，牡丹、月季、海棠、四季花等也极为普遍。雍正青花中多见的仿宣德青花及传统的缠枝花卉在粉彩中比较少见，但雍正青花中较少的人物故事图却在粉彩中比较多见。此外，粉彩瓷中的"蝠（福）""鹿（禄）"图案十分多见。清代粉彩瓷的图案花纹突出的是所谓"过枝"技法，即盘、碗的图案花纹从器身到器盖，或从器里到器外连续彩绘烧成，一般的过枝大多是桃果、牡丹、玉兰等图案。

雍正粉彩官窑器多数有"大清雍正年制"两行六字楷书青花款。民窑精品有私家堂名款，也有图案标记，以器底绘青花笔、锭和如意，谐音"必定如意"等最为多见。

瓷中瑰宝：珐琅彩

珐琅彩瓷器是一种极名贵的清代皇室御用瓷。它的制造过程一般是，先在景德镇用高温烧成白瓷，然后送到北京清宫内务府造办处绘彩，由造办处将珐琅置在彩炉中以低温烧成。由于其彩绘和烧成工艺都不在景德镇进行，因此不能视为景德镇窑的制品，但它对景德镇粉彩瓷器的影响是十分巨大的。

珐琅彩瓷最早从康熙朝开始，为仿制铜胎画珐琅而来，因此，人们也把珐琅彩瓷器称为"瓷胎画珐琅"。

康熙珐琅彩瓷和传统的五彩瓷，在工艺上有两点不同。一是其所用的彩料不同。珐琅彩瓷所用均为进口料，其中最突出的是一种玫瑰红或胭脂红色料，它的发色剂是微量的黄金，称为金红；传统的五彩瓷上的红色釉彩只是铁红和铜红。铁红是在氧化气氛中低温烧成的，铜红是在高温中烧成的，金红也是在氧化气氛中低温烧成，但金红并不是传统的色料，而是在康熙珐琅彩瓷中首次使用。二是上彩的方法不同。中国传统彩瓷中，施彩都是用胶水或清水，而从康熙开始的珐琅彩瓷器才开始用油施彩。中国的传统绘画是水墨画，而西洋绘画一般是油画，这种在瓷器上以油料上彩的方式是吸取外来工艺的结果。

康熙珐琅彩瓷主要收藏在故宫博物院、上海博物馆、台北故宫博物院等少数几个单位。以蓝地、深红地、黄地、粉红地、紫地彩色花卉图案的盘、碗为多，亦有少数瓶、盒之类的器物。至于白地彩绘的品种，则属极少数。器物底部有红或蓝色堆料"康熙御制"款。康熙珐琅彩瓷图案大多是规矩的西番莲和缠枝牡丹，还有山水、人物图案。康熙时期还有宜兴紫砂胎的珐琅彩茶壶、盖碗等茶具，也只见花卉图案。

雍正珐琅彩比康熙时期有了进一步发展。康熙时以器物外壁不上釉的半成品进行满器外壁色地施彩，而雍正珐琅彩则以白地彩绘为主，改变了康熙时期有花无鸟的单纯图案，而以花卉翎毛为最多，山水次之，人物最少。这时珐琅彩瓷的特点之一是在画面上配以相应的题诗，而且书法极佳，并于题诗的引首、句后有朱文和白文的胭脂水或抹红印章，其印面文字与画面及题诗内容相配合，如画竹的用"彬然""君子"章，画山水的用"山高""水长"章，画梅花的用"先春"章等。

雍正珐琅彩瓷是结合书、诗、画及瓷器工艺的综合艺术品，由于是皇室御用的玩赏器物，所见仅碗、盘、花瓶、茶壶等少数小件器，主要收藏于故宫博物院、上海博物馆、台北故宫博物院等。雍正帝特别喜爱蓝彩和墨彩的瓷器，因此这时期的绿彩和墨彩珐琅彩瓷做工就更为精细。所绘彩料在雍正六年（1728）以前是进口料，其后清朝工匠已能自制珐琅彩料，但并不能说不再使用进口料。

珐琅彩到了乾隆时可以说是进入了极盛时期。乾隆时的珐琅彩装饰，精微严谨，细入毫芒，典雅华贵无与伦比。其制作程序复杂，费料费时，乾隆之后便盛极而衰，不复再见制作。乾隆珐琅彩瓷和雍正朝一样是用景德镇烧成的白瓷，在北京彩绘，第二次烘烧而成。

乾隆前期，珐琅彩瓷在雍正的基础上仍继续烧造，但中期以后由于乾隆帝的兴趣偏向景泰蓝器，因此瓷胎画珐琅器不再受到重视。乾隆珐琅彩瓷一部分是白地彩绘，以花卉、山水为主，其中青绿山水极为突出；另一部分器物则多结合青花和其他色釉装饰。这时除用一般歌舞升平的题材外，还出现了西洋人物故事画面。

乾隆珐琅彩瓷的款字有"乾隆年制"四字篆书款和四字楷书款两种，以楷书款为多。篆书款都有双方栏，楷书款大多为双方栏，也有少数并无方栏的，但均为料款。

乾隆瓷器鉴别小知识

乾隆时的器物，除部分装饰风格仍沿康熙、雍正遗风外，有集堆贴、彩绘、镂孔、色釉等于一器的。官、民窑器釉面大多有橘皮纹，有少数器物青花六字款的青料部分可看到极明显的针眼感。器物圈足，官窑中的霁红、霁蓝等器呈糯米粉感的泥鳅背状，多数已无康熙时的缺齿状；有些器物底部釉面呈波浪纹，尤以绿底红款器为突出。乾隆青花瓷器颜色雅丽，果实、叶瓣部位往往用点青法上色，因此有深浅的层次感。凡用涂抹法上色的，则能看到和康熙青花一样的水印纹。豆青、仿哥、茶叶末等色釉器，色釉和胎的交接处，往往能看到细小的锯齿纹，尤以民窑器为甚。

器道统一：文人壶

起源于宋、兴盛于明的紫砂茶具，到了清代进入鼎盛时期。尤其是壶制艺术与文人结缘的产物——文人壶的出现，使茶壶脱离了实用器皿的束缚，自身具备了独立的精神内涵，实现了器与道的统一。

文人壶的创制标志着紫砂茶具发展到了极致，紫砂茶具不但成为茶文化的载体之一，而且其本身的艺术内涵也取得了前所未有的发展，对紫砂茶具的评价不再局限于形状、风格等方面，镌刻在上面的诗歌、书法以及绘画也同样受到重视。清代制壶名家陈鸣远最先开始探索紫砂壶的风格创新，迈出了文人壶制造的第一步。

陈鸣远，名远，字鸣远，号壶隐、石霞山人，江苏宜兴人，活跃在康熙、雍正年间。生于制壶世家，其技艺精湛，雕镂兼长，善翻新样，富有独创精神，堪称紫砂壶史上技艺最为全面精熟的名师。

陈鸣远的艺术成就主要表现在两个方面。一是取法自然，做成几乎可以乱真的"象生器"，使自然类型的紫砂造型风靡一时。此后，这类仿生类作品已逐渐取代了先前几何型与筋纹型类作品。二是在紫砂壶上镌刻富有哲理的铭文，增强其艺术性。陶器有款由来已久，但将其艺术化是陈鸣远的功劳。而陈鸣远的款识超过壶艺，其现存的梅干壶、束柴三友壶、包袱壶，以及南瓜壶等，壶身镌刻诗句，情韵生动，匠心独具。

自陈鸣远开创"文人壶"之后，陈曼生、杨彭年等潜心研究，不入俗流，使紫砂壶艺术得到进一步升华，他们将壶艺与诗、书、画、印结合在一起，创制出风格独特、意蕴深邃的文人壶，至今仍影响深远。

陈曼生，名鸿寿，字子恭，号曼生、曼龚等，浙江钱塘（今杭州）人，主要生活在乾隆、嘉庆年间，清代著名的书法家、画家、篆刻家、诗人，是当时著名的"西泠八家"之一。他酷爱紫砂，结识了当时的制壶名家杨彭年、杨凤年兄妹，他以超众的审美能力和艺术修养设计了众多壶式，交给杨氏兄妹制作，后人也把这种壶称"曼生壶"。

陈曼生自绘紫砂壶十八图样，请杨彭年兄妹制壶，即后来所称的"曼生十八式"。陈曼生仿制古式而又能自出新意，其特点是删繁就简，格调苍老，同时在壶身留白以供镌刻诗文警句。陈曼生也曾经在紫砂壶上镌刻款识详述自己嗜茶之趣以及饮茶变迁，这些文字甚至可以当作意味隽永的散文小品来欣赏，从中也透露出清代文人的散淡心绪。

自文人壶有了文人与工匠合作制壶的新局面后，文人、书画家们纷纷合作，使紫砂壶艺术达到了一个更高的境界。紫砂壶在当时也大受欢迎，烧造数量惊人，这是我国历史上文人加盟制壶业最成功的范例。

这一时期的书画家如瞿应绍、邓符生、邵大亨以及郑板桥等人也都曾为紫砂壶题诗刻字。擅长诗文、篆刻、绘画的瞿应绍与擅长篆隶的邓符生联合制作的紫砂壶曾名动一时。郑板桥则在自己定制的紫砂壶上题诗：

"嘴尖肚大耳偏高，才免饥寒便自豪。量小不堪容大物，两三寸水起波涛。"此诗也是讽世之作。道光、同治年间的邵大亨创制的鱼龙化壶，龙头和龙舌都可以活动，他还把菱藕、白果、红枣、栗子、核桃、莲子、香菇、瓜子等十八样吉祥果巧妙地组成一把壶式。这些都是文人壶的经典之作。

总之，清代紫砂茶具不但继承了明代的辉煌而且又有很大的发展，尤其是文人与制壶名匠的合作开辟了紫砂壶茶具的新天地。

清代之最：青花茶具

清代除了紫砂茶具得到了极大发展之外，瓷茶具也在技术上臻于成熟。清代也是中国瓷茶具发展史上的黄金时期，此时以景德镇为代表的制瓷业飞速发展，创制了精美的青花瓷茶具，开创了清代文人的"文士茶"情结。

经过明末清初短时间的衰落后，瓷器生产很快得以恢复，康、雍、乾三朝是我国瓷器发展史上的高峰。康熙瓷造型古朴、敦厚，釉色温润；雍正瓷轻巧媚丽，多白釉；乾隆瓷造型新颖，制作精致。此后，随着饮茶的日益大众化，民间的茶具生产渐趋繁荣。

清代的瓷质茶具在釉彩、纹样以及技法等几个方面都有较大发展。在釉彩方面，清代创造出很多间色釉，这使得瓷绘艺术更能发挥出其独特的装饰特点。据乾隆时景德镇所立《陶成纪事碑》记载，当时掌握的釉彩已达57种之多。就纹样而论，清瓷取材广泛，或以花草树木，或以民间风习，或以历史故事作为绘制的内容。就技法来说，或用工笔，或用写意，内容丰富，技法精湛，这都表明了清代瓷茶具的生产工艺进入了黄金期。

清代瓷业的烧造，以景德镇为龙头，福建德化、湖南醴陵、河北唐山、山东淄博、陕西耀州等地的生产也蒸蒸日上，但质量和数量不及景德镇。清代景德镇的瓷业发展最辉煌时从业人员达万人，成为制瓷中心，更有人用"昼则白烟蔽空，夜则红焰烛天"来形容景德镇瓷业的繁盛。此外，清代官窑生产成就也不小。清官窑可分御窑和官窑，在官窑中，臧窑、郎窑、年窑、唐窑影响较大。

蒸蒸日上的清代瓷业，为瓷茶具烧制提供了巨大的物质和技术支持。而清代对外贸易的主要产品就是茶和茶具，这也形成了巨大的外部需求，更重要的是饮茶的大众化和饮茶方法的改变。因为清代的茶类除绿茶外，还出现了红茶、乌龙茶等发酵型茶，所以对茶具提出了更高的要求，这些都促进了瓷茶具的迅速发展。

青花瓷茶具是清代茶具的代表，它是彩瓷茶具中一个最重要的花色品种。它创始于唐，兴盛于元，到了清朝发展到顶峰。景德镇是中国青花瓷茶具的主要生产地。据史料载，明代景德镇所产瓷器，就已经精致绝伦，到了清代，青花瓷茶具又进入了一个快速发展期，它超越前代，影响后代。尤其是康熙年间烧制的青花瓷器，史称"清代之最"。清代陈浏在

《匋雅》中说:"雍乾两朝之青花,盖远不逮康窑。"此时,青花茶具的烧制以民窑为主,而且数量非常可观,这一时期的青花茶具被称为"糯米胎",其胎质细腻洁白,纯净无瑕,似糯米,可见清代在陶瓷工艺上的精妙和高超。

"文士茶"情结

　　清代文人特别注重对品茗境界的追求,从而将茶具文化带进一个全新的发展阶段。他们既钟情于诗文书画,又陶醉于山涧清泉、听琴品茗,从而形成了精美的"文士茶"文化。《红楼梦》中关于妙玉奉茶的描写,就反映了人们的"文士茶"情结,作者通过塑造妙玉离世绝俗的高傲性格,说明茶具实际上已经在某种程度上脱离茶而单独存在了。此外,中国文人一般都有好古之风,以至于饮茶都是器具越古越好,有时茶反而退居其次。因此,清代的茶具不再追求高贵奢华,而是更重视它的文化内涵。

千文万华的漆艺文明

清代康、雍、乾三朝，国力强盛，经济繁荣，社会相对安定，漆工艺也有较大的发展，形成了以"果园厂""造办处"为主的宫廷漆器制作中心，形成了中央与地方、官作与民作共同发展、互相影响、互相借鉴的局面。明清官办漆器作坊，集中了全国各地的优秀制漆艺人，地方上具有浓厚特色的漆器也以进贡的形式进入宫廷，促进了各地技艺的相互交流。这一时期漆器制品除了皇室自用外，还作为贵重礼品馈赠海外诸国。

清朝常见的漆器有雕漆、填漆戗金、彩绘漆器、金漆、光素漆器、漆镶嵌、脱胎漆等。纹饰一变以前以几何纹、动物纹、图案化纹饰占主流地位的传统风格，开始追求生活情趣与自然美。作品题材多取自于自然界景物，具有浓郁的生活气息。器形种类涉及生活的各个方面，以宫廷漆器为例，有宫廷典章类、陈设类、日用类和文玩等。

剔红是漆器工艺的一种，又称雕漆，用天然漆料在漆器胎骨上层层积累到一个相当厚度，然后用刀雕刻出花纹，从剔红花纹刀口的断面可以看出施漆的道数。清代剔红有漆层道数较少的，也有多到五六十道乃至百道以上的。每道漆层的厚薄，也因各器的不同而不一致。剔红漆色有深红近于紫色的，有正红的，也有色浅而略呈黄色的，以颜色纯正、光泽明亮者为上品。清代雕漆仍继承明代后期剔法，运刀如笔，显示出锋棱美。清代雕漆与明代比较也有显著不同之处。明代漆色暗红，清代鲜红；明代花纹庄重浑厚，清代则较为繁缛纤巧；明代一般为木胎，清代则兼做其他胎质，并且与其他工艺结合，如镶上鎏金铜饰件、珐琅、镌玉、雕牙等。

雕漆造型多样，是清代雕漆工艺的另一个重要特点。家具、器皿、陈设摆件、佛前供器以及文房用具之类，应有尽有。

清代雕漆在乾隆年间有较大的发展，工艺技术在某些方面有独到之处，超越了前朝。自清中期以后，雕漆呈现的风格过于纤巧，流于繁复，艺术创造精神逐渐丧失，雕漆生产日趋衰落。

光素漆发展至明清，技艺已达到了炉火纯青的地步，有黑、朱、黄、绿、紫、褐、金等色。经过退光和揩光，温润素雅，在明清繁花似锦的漆器中独具一格。与宋代光素漆比较，清代光素漆少了质朴凝重，多了精致优雅。

罩漆是将透明漆罩涂在金银、彩漆或木材上的髹涂方法。选用最好的天然透明漆作罩漆，也难免或多或少地会遮掩底漆的色泽，故罩漆一般用桐油入漆合成，以增加透明度。通体金色的漆器或在各种色地上绘金花纹的漆器，都是先打金胶，然后再贴金箔或上金粉，其上必须用罩漆保护，以防磨损脱落。因罩漆色微黄，可助金色更稳重。

"四大名绣"实至名归

清代刺绣最为突出的成就在于地方绣种的进一步成熟稳定。以地域特色为标志的苏绣、蜀绣、湘绣、粤绣在清代确立了各自的地位。尽管各地的刺绣在此之前都有悠久的历史或优良的传统,但毕竟没有确立名称,而这些名称的确立,多数完成于清代。

1. 苏绣

苏绣是指苏州地区的刺绣,以精细雅洁为技艺特色,是众多生活日用绣、闺阁绣及皇室宫廷下单征绣的各类宫中绣品组成的刺绣品的总称。它吸收顾绣的优点,并有所发展和创造。这里简单地介绍一下顾绣,因为它对中国东部近现代刺绣有着重要的影响。

顾绣因源于明代松江府上海露香园主人顾名世家而得名,亦称"露香园顾绣"。它是以名画为蓝本的画绣,以技法精湛、形式典雅、艺术性极高而著称于世。顾名世是明嘉靖三十八年(1559)进士,官尚宝司丞,就是在内宫管理宝物的官吏,晚年居上海。"名世性好文艺",见多识广,艺术修养较高,在他的影响和倡导下,他的女眷们也酷爱艺术,善丹青书法,精于女红,尤其擅长刺绣。在盛行于世的松江画派画风熏陶下,她们研究继承宋代闺阁绣的艺术特色和艺术技巧,在此基础上创新。她们选择高雅脱俗的名画作为蓝本,表现对象时深刻观察、细心揣摩,技法上创造出散针、套针、滚针等针法,以模仿绘画的笔墨技巧。她们将丝线劈为36丝,《顾绣考》中有记载:"其劈丝细过于发,而针如毫,配色则有秘传,故能点染成文,不特翎毛花卉巧夺天工,而山水人物,无不逼肖活现。"

顾氏女眷中较早从事画绣的是顾名世长子顾汇海之妾缪氏,顾绣名手中,造诣最高、最具代表性的是顾名世孙子顾寿潜之妻韩希孟(又名韩媛)。韩希孟的作品,当时达官贵人争相高价收藏,现均为珍贵文物,被各大博物馆珍藏。

在顾绣的推动下,苏绣的风格与技法日臻完美,具有用色和谐文静,不露生硬跳动之痕迹,行针平匀熨帖,毫无参差之处。因此,人们在评价苏绣时往往以"平、齐、细、密、匀、顺、和、光"八个字来概括。

2. 粤绣

粤绣是广东刺绣艺术的总称,它包括以广州为中心的广绣和以潮州为代表的潮绣两大流派。

粤绣有记载的历史可追溯至唐代永贞元年(805),广东南海卢眉娘的事迹。南海奇女卢眉娘,在一幅一尺见方的丝绢上绣出七卷《法华经》,字体比粟米还小,而且点画分明。

明代出现了以孔雀羽毛织成的丝缕、绣制服饰，金翠夺目。粤绣构图饱满，装饰性强，繁而不乱，色彩浓郁鲜艳，绣制平整光滑。粤绣题材广泛，其中百鸟朝凤是最具传统特色的题材。粤绣的另一类名品是钉金绣，又称金银绣，尤其是加衬高浮垫的金绒绣，更是金碧辉煌，富丽堂皇，多用作戏衣、舞台陈设品和寺院庙宇的陈设绣品，宜于渲染热烈欢庆的气氛。

3. 湘绣

湘绣发源地是湖南长沙。1958年在长沙楚墓中发现的龙凤图案绣品，图案精美，绣工针法细腻，令人叹为观止。1972年在长沙马王堆一号墓出土的刺绣衣物，说明汉朝时湖南地方刺绣已发展到了较高水平。

湘绣也多以国画为题材，线条准确，色彩鲜明而清晰，最能表现中国水墨画中的韵味。花鸟山水屏条是湘绣的传统产品。此外，在画面题诗也是湘绣的特点，诗情画意相映衬，更好地表达了绣品的意境。湘绣有着"绣花花生香，绣鸟能听声，绣虎能奔跑，绣人能传神"的美誉。

4. 蜀绣

蜀绣亦称"川绣"，是以四川成都为中心代表的刺绣艺术。蜀绣的历史也很悠久，据晋代常璩《华阳国志》记载，当时蜀中的刺绣已十分闻名，并把蜀绣与蜀锦并列视为蜀地名产。蜀绣在清代得到空前发展，除日常用的绣品外，还生产各种规格的艺术欣赏品，如中堂、方斗、条幅等，题材广泛，内容丰富，包括山水人物、花草虫鱼、飞禽走兽等。其画稿来源于名人佳作，为蜀绣的发展提供了艺术基础，并造就了一批各具专长的绣工。蜀绣的特色是结构简单，突出主题，其技艺特点是用针工整、平齐光亮、丝路清晰、不加代笔，花纹边缘如同刀切一般的齐整，色彩鲜丽。其中，晕针技法是蜀绣最具特色的工艺，它能表现出色彩的浓淡晕染效果。

京绣

京绣又称宫绣，是以北京为中心的刺绣产品的总称。明清时期尤为兴盛，多用于皇宫装饰、服饰，用料讲究、技术精湛、格调风雅。民间高档的宫绣大都与皇宫有着千丝万缕的联系。京绣在中华人民共和国成立后逐渐形成了自己鲜明的艺术特点与风格，其选料精当贵重，针工巧妙得体，色彩绚丽豪华，格调高雅。其中最好的为针工中的"平金打籽"绣，这种绣是以真金捻线盘成图案，或结籽于其上，十分精致华贵。京绣作为当时的"燕京八绝"之一，有着辉煌的历史。

民间剪刻艺术的发展

剪刻艺术广泛流传于民间，它运用剪、刀等工具和各种色纸、皮革等材料，主要以剪和刻的手法进行制作，包括剪纸、皮影等。清代，随着人民生活内容的日益丰富、各种民俗活动的兴盛和戏曲演出业的繁荣和多样化，民间剪刻也更为普遍，其技艺水平较前代有进一步提高。

民间剪刻中最普遍、最广泛的艺术形式非剪纸莫属。剪纸艺术是用剪刀将纸剪成各种各样的图案，也是一种镂空艺术。清代剪纸从题材到样式都颇为丰富多彩，按照用途大致可分作窗花、挂钱、墙花、绣样、灯花、礼花、喜花、扇花、功德纸花等类别。

窗花主要流行于北方，年节喜庆更换窗纸时用以装饰窗户。窗花一般有两种形式。一种是贴于糊好的窗纸上，有贴于四角的"角花"，也有贴于窗格中心的"团花"，样式不一。还有一种直接贴于窗棂上，中间的花样可以透气，俗称"气眼"或"气孔"。窗花一般根据窗格要求，尺寸大小不一，但一般不大，而且镂空须考虑透光效果。一个窗户如果贴有许多单独的窗花,其样式布置和色彩搭配须讲究完整统一。

挂钱一般是在节庆时贴挂于门楣或造新房时贴挂于屋梁上,用于"压胜"的纸花,贴挂于屋梁上的又称"挂笺",贴挂于门楣上的则称"门彩""门笺"等。挂钱一般形如旗,常五张或七张为一堂联挂。

墙花是贴于室内墙壁的纸花,贴于炕围的叫"炕围花",贴于屋顶的叫"顶棚花",贴于灶头的叫"灶头花"。

绣样是为刺绣而剪制的纹样,有鞋花、帽花、枕头花、枕顶花、衣袖花、包袋花等,刺绣花样早期一般用绘制的手法,剪纸绣样是清代才出现的。同治十三年(1874)的《吉金斋绣谱》中记载,郭梦缄所剪绣样粉本有"拭牛""饮马""读书""宿店""鸣鹅""花卉"等二十余品。绣样要根据刺绣花样的部位和大小来决定其样式,因此丰富多彩。

灯花也叫"灯笼花",是贴于各种灯笼之上的纸花。根据灯笼的不同形状和用途,灯花的样式、题材也各有分别。一般贴在宫灯、纱灯上的灯花多适合较为规则的纹样,而贴在走马灯上的灯花则多适合戏曲人物等可动的题材类型。

礼花是贴于各种礼品上的纸花,在各地有不同称谓,如浙江平阳称"圈盆花",广东潮州称"糕饼花""果花"等,一般多用吉祥图案。

喜花也称"嫁妆花",是贴于婚嫁器物上的纸花,取义与礼花大致相同,以象征吉祥幸福、婚姻美满。

扇花是贴于扇面上的纸花,一般用泥金纸花、兰竹、花鸟或书字贴于乌漆纸扇,也有以彩纸花样夹在双层绢纱团扇中的。

功德纸花指供神祭祖或祛病禳灾时用于祈福避邪的剪纸,最后一般焚化,以达到供奉或消灾的目的。

清代剪纸艺术无论哪个种类，一般都具有祈福消灾或装饰美化的意义和功用。其题材范围涉及历史、戏曲、神话，以及现实生活中的各种人物故事和场景、祥花瑞草、神禽异兽，日常生活中的各种动物、用具，甚至树木山水以及几何纹样、各体汉字等，十分广泛。如八仙人物、大观园、《西游记》人物、戏童、舞人、刀马人、招财进宝、送子赐福、娃娃坐莲、鸭子戏莲、莲鱼瓶、金玉满堂、喜时来报、瓶生富贵、富贵双全、柳开得子、麒麟送子、鲤鱼跳龙门、老鼠娶亲、松竹梅兰、瓶花、艾虎、葫芦、蝶恋花、天仙配等，反映了清代广大普通百姓的日常生活和审美时尚。

清代剪纸的技法类别也很丰富，依剪纸的不同用途、不同地区的技法传承样式，有单色剪纸、衬色剪纸、分色剪纸、拼色剪纸、套色剪纸、填色剪纸、染色剪纸、熏烟剪纸、勾绘剪纸、木印剪纸等类别。从现有实物遗存来看，以单色和衬色为多，另外染色、套色、熏样等也有许多。其中比较突出的有陕西陕北、凤翔、铜川、周至、永寿、乾县、宝鸡剪纸，甘肃天水、庆阳剪纸，山西孝义、祁县、静乐、浮山剪纸，山东蓬莱、黄县、福山、掖县（今山东莱州）、苍山、烟台、高密剪纸，河北蔚县、三河、沧县、丰宁剪纸，江苏南京、扬州、金坛剪纸，浙江浦江、兰溪、金华剪纸，湖北沔阳剪纸，安徽阜阳、芜湖剪纸，福建泉州、浦城剪纸，广东佛山、潮州剪纸，黑龙江海伦剪纸，吉林剪纸，贵州侗族剪纸，云南傣族剪纸等。这其中以陕北剪纸、浮山剪纸、烟台剪纸、南京剪纸、泉州剪纸、佛山剪纸、吉林剪纸等最具代表性。

另一剪刻类的民间艺术品以皮影为主。皮影主要是用于皮影戏表演的戏曲美术品种。据史料记载，皮影的产生可上溯至西汉，而皮影戏的正式形成和兴盛是在北宋，经过元明两朝的发展，到清代达到了鼎盛阶段。清代的皮影戏比较普及，除最早流行于陕西、河南外，山西、河北、甘肃、四川、江苏、浙江、福建、广东、北京等地也已盛行。尤其到清末，皮影戏几乎遍及大半个中国，陕西称其为"灯影""皮影"，甘肃称"牛窑戏"，河南称"驴皮影"，河北称"滦州影"，江苏、浙江称"皮团团"，福建称"抽皮猴"，广东称"纸影子"，四川称"牛皮娃子"等。清代皮影戏除盛行于民间外，皇亲贵戚也特别喜爱，加大提倡并将其引进府内，尤其是当时京城更是汇集了各路戏班，到清末稍有衰落。

皮影的制作根据各地条件及习惯，一般将牛皮、羊皮、驴皮或硬纸等压平后作为材料，人物分头、上身、下身、臂、腿、手、脚等部分，这些部分分别雕刻，着色后涂桐油并组装。各地区的皮影戏在长期的发展过程中，因剧种风格、百姓审美习惯和风尚的不同及所受自然条件差异的影响等，其雕刻技艺和形象也形成了各自特征，其中较突出的有陕西皮影、北京皮影、山西皮影、四川皮影、湖北皮影等。

陕西是皮影戏最普及、历史最悠久的地区之一。影人大小一般不足一尺，额头造型突出，鼻凹较深，鼻型挺秀，嘴型小巧，紧靠鼻底，眉眼细秀，面部全作"空脸"，线条多挺直圆转，面相端庄秀气却质朴纯真。当时的流行口诀"弯弯眉，线线眼，樱桃小口一点点。圆额头，下巴尖，不要忘记刻耳环"，很能说明其程式化的造型特征。陕西皮影的各种造型多达三四百种，技艺之精湛，在全国首屈一指。

除戏曲皮影外，还有一种"道场皮影"，即佛教寺院举行大法会时以皮革刻制，并以灯光照射进行展览的皮影。这类皮影因不用于表演，其布局及刻制方法与戏曲皮影有所不同，即采用类似于绘画的布局和剪纸的刻制手法。道场皮影主要用阴刻并彩绘，注意情节说明。出自四川大邑的"水陆道场"皮影是其典型作品。

民间塑作手工艺术

民间塑作是指在百姓日常生活中使用陶瓷、金属、泥、木、布、纸、面等材料，以捏塑、雕刻、折叠、绘彩、缝合、刺绣等手法制作的非雕塑性质的民间美术品。民间塑作大多为玩赏品，少数用于各种民俗活动、戏曲演出和日常生活。民间塑作存在于人类文明阶段的各个时期，随着手工业的发展，民俗、戏曲活动的兴盛和人们生活水平的提高，清代的民间塑作相当繁荣，种类很多，存世丰富，主要有玩具、面具、木偶、布艺、面塑等。

清代时期的玩具一般使用陶瓷、泥、木、布、纸、麦秆、竹等乡村常见之物，采用手工制作。常见种类有狮、虎、猪、狗、鸡、猴、牛、马等各种动物，戏曲人物、不倒翁、滑稽人、斗人、转双人、摩睺罗，各种风筝、转鼓、转燕、陀螺、响锤、猴滚梯、马跳栏、扑满、泥哨、空竹等。其形态或稚拙可爱，或滑稽诙谐，或巧妙有趣，不仅能够迎合儿童趣味，而且许多玩具题材还寄托着人们某种质朴的信仰和美好的愿望。清代玩具的制作十分普遍，各地都有许多能手，甚至有些小孩也能自制玩具，有不少专门以制作玩具为生的艺人或作坊，涌现了一些著名的玩具产地和品种。

无锡惠山的泥塑玩偶非常有名，主要产品有小如意、看财童子等。苏州虎丘的泥塑捏像产品主要有泥美人、戏童、人物故事等。清代陕西凤翔、岐山、长武、城固等地的布玩具多以虎、猪、兔、狮、猴等动物为题材。此外，凤翔等地还有泥偶玩具、纸质挂片等，多作胖娃娃、小公鸡、小猴子、老虎等，施以彩绘，生动有趣。山东玩具制作种类也很多，其中郯城"棒棒人"系杨柳木所制，黑线开脸，身上满饰彩绘，对比鲜明，颇有趣味。河南浚县"咕咕鸡儿"相传始于北宋，可以吹响，类似鸡叫。此外，还有泥偶战马、神兽、家畜家禽、神话戏曲人物等，也富有浓郁的乡土特色。四川玩具中较有名的有成都、绵阳等地的泥哨子、泥兔、泥马、泥龟、纸龙、纸笑头和尚、布老虎、布娃娃、《西游记》人物等，都非常有趣可爱。泥偶玩具较有名的产地还有福建泉州，广东浮洋，江苏扬州平山堂，浙江绍兴，甘肃成县、庆阳，河北白河沟，黑龙江阿城，辽宁营口、开原等。江西景德镇的瓷偶玩具、广东南雄竹玩具、浙江泰顺木玩具也很有地方特色。另外，清代玩具中还有流行于南北各地间的糖人，既可玩又可食用，一般使用吹、模印、手捏等法做成各种人物、动物、花草等形象，如北京糖人、河北糖人等都很有名。还有编扎类的风筝、节灯、变花，以及其他各类玩具，十分有趣可爱。

清代玩具丰富多样，一般具有以下几个共同特点。其一，题材以人物、动物居多，形态神情丰富。可以活动的多注重动作与神态的夸张，不能活动的则多注重审美的修饰。有些题材如大阿福、老虎等兼有驱恶迎福之寓意，体现了较强的人性情感、观念特征。其二，形体一般小巧精致、圆浑丰满，适于把玩。色彩一般鲜艳明快，比较醒目，宜于观赏和引发兴趣。其三，基本为手工制作，取材方便，材质亲和，文化性强，地方特色鲜明，富有浓郁的乡土气息。

扩展阅读　清代德化白瓷

清代德化白瓷的产量比明代有所扩大，在器物上也改变了明代以佛前供器和瓷雕为主的局面。各种供器及观音、弥勒佛之类的瓷雕虽仍大量烧造，但更多的是各式酒杯、瓶、壶、碗、洗等日用器皿。

清代德化白瓷和明代相比，有一个突出的区别，那就是在清康熙以后，德化白瓷釉中一层微微的闪红色已不再出现，而釉层的色泽稍稍泛青，与明代相比，釉感较硬。

清代德化窑除烧造白瓷外，也还烧制青花和彩瓷。

第二章 谁与争锋——问鼎世界的清代商业文明

清代经济发达,人口剧增。乾隆时期,人口已达三亿,粮食作物的产量也需要进一步提升。因此清代采取开垦荒地、移民边区及推广新作物等措施以提高粮食生产量。同时,国内与国外的贸易发展也促进了国内商业的发展。清代商业发达,先后形成了中国十大商帮。

富甲一方的晋商

晋商,一个中国历史上著名的商帮,演绎了一个历经明清五百年商业辉煌的传奇故事。

晋商是中国最早的商人团体之一,它的历史可追溯到春秋战国时期。明清两代是晋商的鼎盛时期,这段时期晋商成为中国十大商帮之首。其间,晋商以雄厚的资金实力、先进的经营管理、诚信为本的商业文化,开拓出广阔的经营领域和活动范围。他们经营的盐、铁、棉、布、皮毛、丝绸、茶叶、金融等商号遍及全国各地并远涉日本、东南亚、阿拉伯国家和欧洲,称雄国内商界长达五百年之久。晋商的辉煌,不仅成就了富商巨贾和商界精英,推动山西成为当时的"海内最富",而且有力地促进了中国商品经济的发展、城镇的兴起和对外贸易的发展。其"诚信为本,以义制利"的经商理念,极大地丰富了中国的传统文化,尤其是商业文化。

晋商辉煌五百年,出了乔致庸、雷履泰等很多富商,以至于达到了"富甲天下"的地步。

晋商的辉煌主要得益于山西商人善于商品交易的智慧和才能，以及吃苦耐劳的精神。他们以地域关系、乡土关系为特征，组成商行帮会，以博大宽厚的经营胸怀、相容并蓄的经营气度、求同存异的经营策略和自强不息的经营精神进行生意往来，凸显了山西商人的敬业精神、群体精神和开拓进取的精神。正是山西商人的这些可贵的精神，才会有"凡有麻雀能飞到的地方，就有山西商人"的盛况，才有晋商驰骋九州、气吞八方的奇观。另外，山西人以善于理财而闻名天下。他们认为，买卖不算，等于白干，直到今天人们仍用"九毛九"来形容山西人的精明。学者余秋雨在《抱愧山西》一文中说："山西商人之富，有许多天文数字可以引证……在清代全国商业领域，人数最多、资本最厚、散布最广的是山西人；要在全国排出最富的家庭和个人，最前面的一大串名字大多也是山西人；甚至，在京城宣告歇业回乡的各路商家中，携带钱财最多的又是山西人。"

清代一位大臣在给皇帝的奏折中写道：臣听说山西太谷县孙姓人家，家有白银两千余万，曹姓、贾姓人家各有四五百万，平遥县的侯姓人家、介休县（今介休市）的张姓人家，各有三四百万……介休县家产超百万的大概几十家，祁县超百万的大概也几十家。可见，山西几个县城中的富户家产相加，其数量就超过了一亿两白银。这可不是普通的数字，比当时国库的存银还要多。

其实早在隋唐时期，就有资产雄厚的山西商人，武则天的父亲武士彟就是一个典型代表。李渊父子当年从太原起兵，做木材生意的武士彟给予了他们丰厚的经济支援。李渊父子凭借着武士彟的财力和精锐的太原军队，最终夺取了政权，从而赢得了天下。

在清兵入关之后，顺治皇帝马上召见了当时最有名的山西商人，并在大殿设宴，赐予他们华丽服饰与精美珠宝，最后还把这些商人编入"御用皇商"的名单。顺治皇帝之所以这样重视山西商人，一个重要的原因就是山西商人富可敌国，皇帝也要为自己留条后路。雍正年间，朝廷调集军队平定青海叛乱，当清军深入草原后，军粮供应发生了困难，仅购买粮草就需要大量白银。就在朝廷最紧张的时候，一位山西商人出面解决了此事。

随着山西商人资本的积累，山西商人聚集了大量的货币资产，促进了山西手工业的发展，也促进了全国商品物资的交流，这进一步加快了中国自然经济的解体和商品经济的发展。

汇通天下的"票号"

山西商人的资本生意中，最著名的就是山西票号，可以说是汇通天下。票号做的是汇兑买卖，只要你把银子交给这个店铺，再交一定的手续费，店铺就给你一张由商号开出的汇票，拿着这张汇票就可以去其他地方的票号分店领取银子。

由于票号专营汇兑业务适应了当时工商业发展之需，又把商业领域中形成的良好的信用关系延伸到金融领域，因此自清代中叶产生后，山西票号的业务开展极为顺利。自日昇昌票号创办到道光七年（1827）秋冬，山西票号的势力已发展到鲁、豫、秦、苏等省，从而使北方5个省（直、鲁、豫、晋、陕）的商人去苏州贩货每年需运去数百万银两的不便情形变为"各省商贾俱系汇票往来，并无现银运到"的皆大欢喜。

至道光三十年（1850），票号已发展到11家，其分号拓展到北京、张家口、天津、奉天（今沈阳）、济南、扬州、江宁（今南京）、苏州、芜湖、屯溪、江西河口镇、广州、长沙、常德、湘潭、汉口、沙市、重庆、成都、西安、三原、开封、周家口（今周口）等城市。一个分号一年的汇兑业务量在50万两到120万两，放款业务也有30余万两，以至"今山西钱贾……散布各省，会（汇）票出入，处处可通"，正式形成了山西票号中的平（遥）、太（谷）、祁（县）三帮。

这一时期，信用对票号业务的拓展也起到重要的推动作用，由办理国内汇兑业务拓展到兼营大宗存放款业务，特别是存款业务的增长为票号其他业务的扩大奠定了资金基础。出于信任，工商业者纷纷将现款存于票号，票号再将存款、放款与汇兑相结合，利用承汇期占用客户款项，进行放款生息，这样收入甚丰，除汇费收入和压平擦色收入外，还有存放利差的收入。

太平天国起义之后，清政府受到了巨大冲击，财政问题越来越严重，终于开始汇兑官银。由于清政府有许多对外活动的国际业务，票号商人渐渐地把生意做到了国外，他们在国外也设立了分店。1907年，祁县合盛元票号在日本的四个城市开设了分店；平遥县的永泰裕票号在印度加尔各答开设了分号。山西商人最先打入了国际金融市场，展现了他们精明强干和勇于开拓的风采。

天下第一号：日昇昌

日昇昌票号开中国银行业先河，是中国第一家专营存款、放款、汇兑业务的私人金融机构。它的前身是西裕成颜料庄，总庄设在平遥，在全国各地都设有分庄。据统计，当时日昇昌在全国40多个城镇设有分庄。

日昇昌票号是平遥富商李大全出资与总经理雷履泰共同创办的，成立于清道光三年（1823），其前身是西裕成颜料庄。当时山西平遥、介休、祁县、太谷等地商人的商号在北京都设有分庄。每到年终结账，这些分庄都会给老家的商号或亲人捎些银钱。若亲自带银两返乡，容易遭遇抢劫，托镖局押运，运费高，且安全性也不高。因此有人就与西裕成北京分庄经理商议，将所运银两交给西裕成分庄，然后在其平遥总号提现。起初，受亲朋好友的委托，不收汇费和手续费，后来要求这样做的人越来越多，经过双方协议，便开始征收一定的费用。西裕成的经理雷履泰眼光长远，看到这种汇兑业务很有前途，便征得财东李大全的同意，将西裕成颜料庄改组为票号，取名为日昇昌。

票号是一门全新的行业，雷履泰则是第一个吃螃蟹的人。雷履泰继承了祖辈血液里商人的特质，极富经商智慧，在西裕成当掌柜的这段时间里，他积累了丰富的实战经验，对历史上的汇票经验加以继承和发展，总结出了一套属于自己的经营秘诀。

日昇昌成立之初，营业的主要对象是在各地经商的山西商人及江南的盐商、米商等。

无论是古代还是现代，中国人取名字都是很考究的。之所以将票号取名日昇昌，就是希望这门新兴的行业能够如同旭日东升般繁荣昌盛。日昇昌从它诞生之日开始，就以令人难以置信的速度迅速发展壮大起来。

日昇昌常年流水银两在千百万，在当时商界中的地位极高，有"天下第一号"与"汇通天下"的美誉。当时的从商之人以在日昇昌工作为荣。李氏对票号实行经理聘任制，一旦选定经理人，便将权力交到他的手中，对平时的经营概不过问，只到年终结账时听取经理汇报，分红取利，并根据经理一年的业绩决定是否继续聘任他。据估计，从道光到同治的50余年内，李大全从日昇昌票号中分红达200万银两以上。

日昇昌票号在金融界活跃了90余年，但在辛亥革命中遭到了致命的打击。在四川、陕西丢失30多万银两，清政府皇室垮台，所放300多万两款项无法收回。日昇昌于1914年农历九月倒闭，"于全国金融影响甚大"。

《大公报》曾刊载有关人士分析日昇昌倒闭的原因，主要有以下三点。首先，日昇昌票号经营的中心在南不在北，南方码头最多，受革命的影响甚大。其次，日昇昌的款项，在革命之前多分配在南方，而革命之后，各省纸币充斥，现金缺乏。由南方调回的现金往返折扣，每百两亏损35两，甚至是五六十两，亏损之大令人惊叹，这使日昇昌再次受损。最后，革命时，日昇昌欠外部约500万银两，欠内部七八百万银两，虽有盈余，但欠内部之成本已付诸东流，更不用说是利息，而为支持门面、维持信用，欠内部的款项三年内未赢利。这三项亏损，导致了日昇昌的倒闭。

此外，日昇昌的倒闭还有另外三个原因，第一，广西官府催迫官款，动不动就用兵相逼，一年之中提取10余万两，且还日日催取。第二，日昇昌时任副经理梁怀文，才能在正经理郭斗南之上，人心皆向梁，但因在革命后极力阻止东家提用款项，不能讨东家欢心，无奈之下离去，梁去后人心为之瓦解。第三，日昇昌京号经理因号事吃紧，托病回晋一去不归。

以上的种种原因说明，日昇昌失去天时、地利、人和之优势，资金吃紧，终因无法经营而倒闭。

知识链接

飞钱

飞钱始于唐宪宗元和元年（806），有两种形式：一是官办，商人在京城把钱交给地方设于京城的进奏院，携券到其他地区的指定地方取钱。二是私办，商人在城市有联号或交易往来，代营"便换"，以此牟利。这种汇兑方式一方面减少了铜钱的需求，缓和了钱币的不足，另一方面，商人前往各地进行贸易活动时，也减轻了携带大量钱币的不便。

无徽不成的徽商

徽商，即徽州商人，又称"徽帮"，形成于宋时期。我国古代理学的集大成者朱熹，他的外祖父祝确经营的商店、客栈占徽州城的一半，于是得了一个"祝半州"的外号；祁门程氏兄弟经商发财致富，合称"程十万"。徽商在明代逐渐走向高峰，主要经营盐、粮、茶、布、典当、木材等行业。这时的徽商已经完全跨越了地域，遍布全国，并出现了百万级的富商。清代时，徽商达到了顶峰，出现了千万级的巨商。

明代嘉靖、万历年间，徽州的一些盐商拥有数十万甚至百万的资产。后来，徽州盐商的实力越来越壮大。乾隆南巡时，一名徽商就极尽奢华，大肆铺张，徘徊接驾，赢得了皇帝的欢心。这名徽商能以一介布衣的身份迎接巡游的天子，可见其财力的雄厚。

徽州人从唐宋时期开始就很重视粮食的经营，但那时规模并不大。明代中期，苏浙一带的粮食需求量加大，善于经营粮食产业的徽商便一下子扩大了规模。乾隆时，一位徽州商人经过汉阳地区时，碰巧赶上当地有灾荒，他一下子就在那里抛售了上万石米。

而麻布、棉布类更是成了徽商的垄断产业。苏浙盛产棉布的城镇成了徽商的聚集地。他们有的以低廉的成本收购散棉布，有的开设布行。清朝在苏州、松江的几十家布行都是徽州商人经营的。生意逐渐兴隆的布商又把眼光投向更远处，他们在常州、上海也开设了布行。徽商的布行染出的布色泽鲜艳，备受欢迎，为了提高声誉和防止假冒，每个布行还在布上印上自己的独家标记。有的布商甚至一年能卖出上百万匹布。

此外，徽州地区的茶叶贸易历史悠久，可以追溯到宋元时期。乾隆时，徽州商人在北京开设的茶行达到7家，茶商字号达到100多家，小茶店数千家。徽州茶商的足迹遍布汉口、九江、苏州、上海等城市。明清时期，其茶叶更是远销海外。

另外值得一提的是徽州的木商。徽州山区盛产杉木，南宋时徽州人就开始做木材生意了。随着苏浙地区经济的发展，徽州山区的木材量已不能满足需要，徽州人便在江西、湖北、湖南、四川等地开辟货源。前往湘西德山镇的徽州商人络绎不绝，长年在这里搬运的劳工达几千人。万历年间，北京修建乾清宫、坤宁宫，一名徽州木商便趁机请求采办皇木16万棵，可见其货源广阔、资本雄厚。

徽州流传这样一首民谣："有生意，就停留，没生意，去苏州。跑来拐去到上海，托亲求友寻码头。同乡肯顾爱，答应给收留。"在外成功的徽商，往往会照顾自己的亲朋好友，一起扩大商业，规模大的商人甚至能提携百家千家，生意小的也能提携几家、几十家共同走上富裕之路。徽商的这种团队精神，也在商场竞争中形成了一个集体优势。当徽商凭借凝聚力在商场中形成优势以后，往往会变一般经营为垄断经营，获取更高的利润。当年两淮地区的盐业、北京的茶业、松江的布业等,都被徽州商人垄断。

徽商存在前后达600多年,称雄300年,贸易活动领域遍布全国各地,并且商品远销日本、东南亚各国以及葡萄牙等,在世界市场上占有一席之地,"无徽不成商"叫遍天下。徽商对市场经济和中国近代对外贸易的发展都起到了很大的促进作用,在中国商业史上占有重要地位。

独资与合资并存的鲁商

鲁商,也称山东商帮,在十大商帮中虽然不像晋商、徽商那样富甲天下,但也在北方占据了优势。鲁商在兴盛时期控制了北京乃至华北地区的绸缎布匹、粮食销售以及餐饮行业等,可以说是纵横"商场",声名显赫。

山东商帮很讲究商业道德,重信义,重商业规范。鲁商有两种主要的商业经营方式:长途贩卖和坐地经商。鲁商并非晋商的"学而优则贾",也并非徽商那样"贾而好儒",鲁商大多由封建性的商人组成,如大官僚、大地主、大商人。

鲁商分独资与合资两种。资本雄厚的大商人往往会采用独资的方式，也有一些资本较小的小商贩。在买卖中，他们都讲求信义，按规定办事，给人留下很好的印象。合资经营者与今天的股份公司有类似的地方，他们会先立下一个合同来表示守信用。这是鲁商中合资的特点，也是其独特的经商方式。

山东省淄博市的周村，有"天下第一村"的美称，还享有"旱码头""金周村""丝绸之乡"的美誉。电视剧《大染坊》的故事就取材于周村。周村自古就是商业发达的地区，明末清初时与广东的佛山、江西的景德镇、河南的朱仙镇并称为中国四大"旱码头"，后来形成以镇中大街为中心的古代商业街市。这是许多鲁商老字号的摇篮，北京著名的瑞蚨祥绸缎庄就发源在那里。

早在明代，东北就与关内贸易关系密切，清代实行贸易开放政策，山东商人出入东北更加频繁。据记载，乾隆十三年（1748）仅仅在宁古塔、船厂两地的山东、直隶等省的贸易工人就达到了三四万人。开始的时候，山东商人并不带着妻儿老小，仅仅是去东北做生意。后来政策开放以后，山东商人逐渐开始定居东北，"每年去东省贸易之人有五千余人"，其中山东商人占据主要部分。在闯关东的山东商人中，又以今山东龙口市（原黄县）的商人最多。据史料《黄县故事》记载，东北三省简直就是黄县人的第二故乡了，从大都市到小屯子、小窝棚，到处都是黄县人的身影，黄县人在东三省的商场纵横驰骋，商绩辉煌。在佳木斯的桦川县，山东商人竟然占了整个县人数的70%，使该县留下了"小黄县"的别称。康熙年间，黄县单家村的兄弟二人，开设了一个跨行经营的作坊，经过积累，其规模之大、货物之全，在清代超过了奉天城（今沈阳）所有的商家。

百年之后，在东北各城市的商业中，鲁商已经是首屈一指。清代的时候，营口和大连已经有了商会的雏形，叫"公议会"。公议会由商业界的著名人士组成，控制着整个城市的工商业。1904年，山东商人在大连的公议会里约占一半。1905年，山东商人在营口的公议会里约占三分之一，他们经营油坊、粮食、杂货等，后来粤商在当地经营失败，退出了公议会，鲁商的权力就更加大了。清末，长春的大小商铺有1200多家，其中当铺、绸缎、粮栈等几乎都被鲁商垄断，哈尔滨有4000多家商埠，油坊、绸缎、烧锅、皮货等实业性质的山东商号有500多家。到了民国初年时，哈尔滨商会的会员有20人，竟然全是山东人，成了不折不扣的山东商会。

山东商人在历经磨砺之后，开辟了自己的一片天地，留下了许多誉满全国的百年老店。瑞蚨祥棉布绸缎店就是鲁商经营的一家老字号商店。它的创始人是山东章丘的孟鸿升，随着经营规模的不断扩大，在烟台、青岛、天津、上海、北京等地设立分店。这家店铺充分体现了鲁商严格规范的经营特点。首先，在货物的来源上，孟鸿升为了保证布匹的质量，对所进货物的花色、规模有严格的要求，验货时更是一丝不苟。他们不仅要检查质量，而且对布匹的花色、幅宽、长度、分量也都一一验收，如果厂家提供的货物有一项不符合他们的要求，他们不但退回货物，还要索赔损失。其次，他们重视店面以及员工的形象。瑞蚨祥有自己的店规：伙计们一律穿长衫，不能吃味道很重的食物，不能与顾客吵架，工作时不能聊天，不准吸烟喝酒等。最后，在与顾客打交道时，更要力争让顾客满意，奉行顾客至上的原则。瑞蚨祥这种讲求细节的规范做法，为他们赢得了越来越多的顾客。

在餐饮业上，山东商人依然经营得很出色，东兴楼饭庄是一个代表。

这家饭店创建于光绪二十八年（1902），有着严格的管理制度。首先，店主规定菜要做得清、素、鲜、嫩，油不能过多。其次，采购菜的人要做到选料精、质量高。再次，酒店的布置也要讲究，桌布是花布，筷子是象牙筷，勺子是银勺，碟子绘有蟠龙花纹。最后，要求伙计们工作时不能聊天，不能随便离开岗位。

这样严格的管理制度使得东兴楼常年顾客盈门，有些外国商人也经常光顾，年盈利总额达到四五百万两银子。

商界翘楚：乔致庸

山西祁县乔家经过几代人的努力，从社会的底层一步步发展，终得以成就"乔家大院"之名。乔家先祖乔贵发，因其父母双亡，迫于生活，出走口外。他先是给人当伙计，干杂活，后与秦姓合伙开了一家草料铺，并磨豆腐，生豆芽，做烧饼。由于精打细算，省吃俭用，苦心经营，商铺生意日渐兴隆。后来，他们开设商号广盛公，经营绸缎布匹、副食杂货等，有时也做粮盘、钱盘、贩马等生意，渐渐成为当地小有名气的财东。乔贵发后来回乡娶了一个寡妇，带有一个儿子，又生了两个儿子。乔贵发告老还乡后，他的三个儿子接手经营，后来改名为复盛公，以乔姓"大吉堂""进修堂""德兴堂"和秦姓"三余堂"的名义合股开设。后秦姓子弟过度挥霍，入不敷出，最后从商号退股，由乔家独资经营。乔家后增设复盛全、复盛西、复盛协、复盛锦、复盛兴、复盛和等字号，形成了一个庞大的"复"字号商业网络。

复字号的兴盛，除了经营灵活、审时度势、取信于人外，在资金上统一调度使用也是其成功的秘诀所在。复盛公、复盛全、复盛西的公积金都存在"德裕永堂"名下，俗称"厚成"，东伙都不得擅自动用，遇有生意亏赔或紧急需款时才准支用。在内部管理上，名掌柜、伙计，一律不准携带家眷，不准嫖妓和纳妾，不准吸大烟、吃馆子。如有必要应酬，须经坐柜大先生许可才行。伙计做事出色，立刻破格提升，并加身股；如有犯错，就要给予处罚，或开除，或抹去身股，或减其劳金。总之，赏罚分明。

乔致庸是乔贵发第三子乔全美的次子。在他的不断努力下，乔家生意日渐兴隆，至清末，乔氏家族在全国各地有票号、钱庄、当铺、粮店等200多处，资产达到上千万两白银。

乔致庸的成功离不开他的各店掌柜。其中一位是孙茂才。孙茂才原本是个卖花生的，当初在前往太原赶考的时候，乔致庸跟他还因为几颗花生米起过争执。后来二人在龙门口舌战主考官，不由得惺惺相惜，促膝长谈之后，觉得很投机。

适逢乔家大难临头，孙茂才前来投奔。几乎乔家所有人都看不上这个穷秀才，乔致庸却力排众议，以300两白银的年薪聘请孙茂才给他当掌柜。在当时，300两白银的年薪可是天价，那时山西一个知县的年薪也不过约50两白银。

事实证明，乔致庸确实有独到的眼光，孙茂才确实是一位优秀的经商人才，加之与乔致庸的私人关系，他又扮演着"军师"的角色，为乔致庸出谋划策。

当乔致庸用当年达盛昌对付他大哥的办法来对付达盛昌，准备将仓库里囤积的高粱和草料全部卖给达盛昌时，孙茂才站出来劝乔致庸得饶人处且饶人，并劝说乔致庸要为山西商界树立榜样。但孙茂才后期与乔致庸经营意见不同，又因发生了种种事故，遭到辞退。

此外，乔致庸将祖辈留下来的商规信条进一步完善，确立了乔氏家族义、信、利的商规，并对乔氏企业进行了股份制改革。乔致庸的举措虽然引起商界元老们的极力反对，但他凭借巧妙的策略成功推行了自己的商业思想，在商界树立了少年英才的威信。

后来，乔致庸北上恰克图，抵达中俄边境，跟俄国人签订了边贸备忘录。从此，乔氏企业走出了国门，为不久之后进军票号业打下了坚实的基础。

乔致庸一生待人随和，讲究诚信为本、"以德经商"。晚年的乔致庸一改以往不治家宅的传统，于同治元年（1862）开始在家院附近购置地皮，大兴土木，修建了规模庞大的宅院，即著名的乔家大院，至今保存完好。

扩展阅读　"一文钱"的故事

"一文钱"是有关一个苏州布店的来历的故事。

曾经,有两个年轻的徽州商人,姓名已不能考证,就称为甲乙二人。他们结伴去苏州做生意,但是刚到苏州,两个人沉迷于苏州的繁华,拿着钱寻欢作乐,任意挥霍,忘记了来苏州的目的。一段时间后,这两个人身上带的银子已经花光了,他们只能靠乞讨维持生活,这时两个人才开始后悔。到了年底,看着别人开始准备过年,他们却没有脸面回家见父老乡亲。

悲伤之余,甲从口袋里摸出一文钱,使劲扔在地上说:"曾经那么多的钱都被我们挥霍了,只剩下这一文钱,有什么用呢?不如扔了算了。"乙此时忽然闪过一个念头,他赶忙去捡起那一文钱,说:"这是我们仅有的一文钱,我们得珍惜啊,说不定我们凭借它能时来运转呢。你等一下,我去去就来。"甲虽仍旧有些低落,但也没说什么。一会儿,乙带着许多竹片、稻草、旧纸和鸡鸭毛回来了。甲好奇地问:"你这是做什么呢?"

只见乙魔术般地拿出一袋面粉，将面粉和水调匀，做成糨糊，然后用草把竹片绑住，外面蒙一层旧纸，在旧纸上用糨糊粘满鸡鸭毛，一只逼真的禽鸟就做出来了。甲惊奇地问："我们现在露宿街头，你还有心思做这种小玩意？"乙不说话，继续做着各种各样的禽鸟，一晚上就做了二三百只。

第二天一大早，乙就把甲喊起来，带着昨晚上做的禽鸟来到了附近的热闹集市。人越来越多了，甲乙二人把禽鸟摆好以后，女人、孩子看见这些禽鸟做得如此逼真，都抢着购买。一天的工夫，这二三百只禽鸟就卖得一只不剩，净挣了四五千文。这时甲才佩服起乙的心灵手巧，他也忽然想起一件事情，问道："昨晚我扔的那一文钱，你拿去做什么了？"乙笑一笑说："竹片、稻草、旧纸、鸡鸭毛这些东西都是我在街上捡的。你那一文钱我用来买面粉做糨糊了，你看，都用来粘鸡鸭毛了！"此时，二人开心地笑起来。

后来，两个人努力进取，采购了各色纸张、鸡鸭毛，晚上一起做花、鸟、人、兽，白天一起去叫卖，两个月下来，居然挣了300万文。有了资本，这两个人便商量正规地做生意了，于是就选择了苏州布业最发达的地区开了一个布店，并在布店的门牌上写了三个大字"一文钱"，表示对那误入歧途的艰苦岁月的铭记。

第三章
碧园皇庭——独具特色的清代建筑文化

明清时期的建筑,无论在技术上还是在艺术上,都趋于完美。无论是私宅府邸,还是皇宫庭院,抑或是园林建筑,总体上都形成了独具特色的建筑风格。

南秀北雄的园林文明

园林是人们模拟自然环境而创造的景观,或者是在自然环境的基础上经过人们加工的空间。在这个环境里,人们身体可以得到休息,思想可以得到陶冶。

自古以来,园林的形式很多,大到一个风景区、大型的苑囿和帝王的园林,小到一户人家的私家花园。

中国的五岳和其它名山,经过历代的开发、经营,成了著名的风景园林区;北京的圆明园、颐和园、北海,承德的避暑山庄,都是名扬世界的皇家园林;苏州、杭州、扬州更留下了众多的私家花园;加上散布在全国住宅、寺庙里的小园,构成了一幅中国古代园林的丰富画卷。

园林是建筑艺术中出现最晚,也是在建筑中最能体现中国文化精神的重要类型。园林建筑的出现和发展,与中国画中崛起的文人画相类似。中国园林无论造园要求还是园林艺术本身,其艺术品格较之一般建筑都更为突出。因此,它也更能集中反映出中华民族的审美情趣与精神特征。

中国园林是世界上最具特色的建筑艺术类型之一。园林起源于中国人对心与物、居与游、人与自然之间的美学关系的诗意把握。中国园林又是对中国文人士子影响至深的隐逸文化的基本载体。如果没有中国的文人士大夫阶层对于隐逸文化和自然山林的深层向往,当然也就没有那种浸透了诗意禅境的自然观,也就不可能形成如此独特的中国园林。

明清时期是一个造园艺术集大成的高峰时期。从明代中叶开始,园林建筑艺术全面兴盛,而且人们也重视从理论上对园林艺术进行总结。明末计成著《园冶》一书,对园林的理论及技术开展详细讨论。入清以来,园林艺术达到了前所未见的盛期。清人李渔的《一家言》,对居室、山水、花木均有专论。

从总体上看,园林艺术发展至清代,更显示出手法和意境上的独特特征。这些特征贯穿了中国整个园林发展的历史,更体现于不同流派与风格的园林中。

中国园林的基本特征首先是重视人与自然的统一关系,其次是中国园林的设计重视处理手法中的曲折多变与灵活通透,最后是重视艺术传达的意境与文化品位。

由于这样的特征,也由于清代园林成熟的造园手法、独特的布局样式与艺术结构,当时的中国园林建筑产生了世界性的影响。

就总体而言,清代园林比之以往,最为显著的变化是趋向奇巧精致,手法繁复细腻,这种特征至晚清更甚。

北方园林建筑艺术的最高水平与主要风格以皇家园林为代表,它们以端庄稳重、布局严谨、舒展大度为基本特色。在清代,最著名的北方园林首推圆明园与颐和园。南方园林则以私家园林为代表。这里重点讲一下南方私家园林,有以下三点。

第三章 碧园皇庭——独具特色的清代建筑文化

1. 南方私家园林产生的条件

南方私家园林集中在今天的江苏、浙江一带，尤其是苏州、扬州、杭州这几座城市为数最多。这不是偶然的现象，而是因为这些地区具有建造园林的自然、经济和人文等诸方面的条件。在自然条件方面，江南一带，江流纵横，河网密布，水源丰富。园林堆山，除土以外，不可缺石，江浙地区多产石料，南京、宜兴、昆山、杭州、湖州有黄石，苏州有湖石。湖石颜色有深浅变化，形态玲珑剔透，历来为堆山之上品。江浙地属亚热带，冬季无严寒，空气湿度大，适宜生长常青树木，植物花卉品种多，这些都给造园提供了充分的自然条件。在经济条件方面，江浙自古以来就是富庶之地，商业发达，城市繁荣，给造园提供了物质条件。在人文条件方面，江南自古文风盛行，南宋时又盛行文人画与山水诗，随着朝廷南迁临安（今杭州），大批官吏、富商拥至苏杭，造园盛极一时。明清两代以科举取士，江浙地区上京做官的为数不少，这批文人告老返乡后，购置田地，建造园林。尤其是清代后期，北方战乱，官僚、商贾纷纷南逃，在江浙一带购地造园。这批人懂书画、好风雅，精心经营自己的宅邸，参与园林设计，使这个时期的造园数量和质量都达到一个高峰。

2. 南方私家园林的特点

南方私家园林有待客、读书、游乐之地，多附设在住宅之旁，占地不大，多者几十亩，小者仅几亩。园林追求平和、宁静的气氛，建筑不求华丽，色彩讲究清淡雅致，力求创造一种与喧嚣的城市隔绝的世外桃源境界。

3. 南方私家园林的造园手法

南方私家园林在功能上要求较高，住宅要隐蔽，读书处要安静，待客厅堂要方便，而游乐部分要有自然山水的趣味。这就要求其造园手法与众不同。

首先，在布局上，采取曲折多变的手法，在有限的空间里创造出丰富的景观。道路多用曲折多弯的形式而忌用径直的大道。沿着弯曲的道路，巧妙地安设风景点，让人一路走来可以见到不同的景致，在有限的空间里，延长观赏的路线。

在景点的形象设计上，也忌雷同，尽量采用多种不同的式样。长廊很少用直线形式，而是沿墙而建，有时紧贴墙身，有时又离墙而行，成为多边多方向的折廊。有的长廊随着山势或上或下成为爬山廊和跌落廊，有的驾廊于水面而成水廊。随着这些长廊的高低上下和左曲右弯，园林中设置了不同的景点。此外，还有厅堂、亭榭、画舫、楼阁等景点。这些景点都各具特色，随着弯曲的道路，展现在游人面前，达到了步移景异的绝妙效果。

其次，园林设计者善于将自然山水的形象加以概括和提炼，再展现到园林中来。在有限的空间里要创造出具有自然山水之趣的环境，就必须认真地对自然山水的形态进行观察研究，加以概括和提炼后再现于园林之中，这样才能做到小中见大，得自然之神。

最后，讲究园林的细节处理。要做到小中见大，除要在布局、模仿自然山水等方面下功夫外，很重要的是要讲究细部的处理，包括建筑、山水、植物等各方面的细部处理。私家园林建筑类型并不少，有待客的厅堂，有读书作画的楼轩，有临水的船榭，还有大量的亭廊，亭子和廊又有不同的形式。建筑上的门窗更是多样，门有长方门、圆洞门、八角门，还有梅花形、如意形和各种瓶形的门。墙上除普通的窗外，还有花窗、空窗、漏窗，窗上的花纹，仅在苏州园林里就可以找出一二百种式样。园林的地面也都是用砖、瓦、卵石拼砌出各种不同的花纹图案。造园者更选用颜色深浅有变化、形象玲珑剔透的石块，配以少许植物花草，放置在厅前、墙下，犹如一件供人欣赏的大型盆景。

万园之园：圆明园

圆明园始建于康熙朝，格局基本形成于乾隆时。圆明园所在之地本是一片平地，既无自然的山丘，也没有已经形成的湖面。但是地下水源十分丰富，挖地三尺即可见水，可以说是一处建造园林不可多得的佳地。在这样的自然条件下建园，圆明园有它独特的特点。

特点之一是平地造园，以水为主。圆明园中有大型的湖——福海，它宽达600米，处在全园的中心，湖中建有岛屿；有中型的湖，如在正门北面的后湖及长春、万春两园内的湖，长、宽约二三百米，隔湖观赏对岸景色，美不胜收；有无数小型湖，山前房后，一塘清水，比比皆是；还有回流不断的小溪、小河，如同园内纽带，将大小湖面串联成一个完整的水系，构成了一个十分有特色的水景园林。正因为是平地造园，水面是挖出来的，挖湖堆山，一举两得，所以湖多山也多，大小土丘加起来约占全园面积的三分之一。这些土山都不高大，没有破坏圆明园水景的特点。

特点之二是园中造园。圆明三园，规模宏大，它用一组组小型园林布满全园。这些小园或是以建筑为中心，配以山水树木；或是在山水之中，点缀各式建筑，围以墙垣，形成一个个既独立又相互联系的小园，组成无数各具特色的景观。这里有处在宫门内供皇帝上朝听政用的正大光明殿；有以福海和海中三岛组成，象征着仙山琼阁的"蓬岛瑶台"；有供奉祖先的庙宇安佑宫，设有佛殿的小城舍卫城；有建造在水中的建筑"万方安和"。乾隆皇帝几次下江南，便想把苏州、杭州一带的名园胜景带到园里，于是圆明园里出现了苏州水街式的买卖街，杭州西湖的三潭印月、柳浪闻莺、平湖秋月等著名景观，只不过这些江南胜景在这里都变成了小型的、近似模型式的景点。

特点之三是园中的建筑形式多种多样，极富变化。建筑的平面除长方形、正方形以外，还有工字、口字、田字、井字、曲尺、扇面等多种形式；屋顶也随着不同的平面灵活地采用庑殿、歇山、硬山、悬山、卷棚等形式；亭子就有四角、六角、八角、圆形、十字等形状，还有特殊的"流水"亭；长廊也分直廊、曲廊、爬山廊和高低跌落廊多种。

乾隆时期，长春园的北部集中建造了一批西洋式的石头建筑。这批建筑由当时在朝廷做事的意大利传教士、画家郎世宁设计，采用石雕装饰，建筑周围也布置着欧洲园林式的整齐花木和喷水泉等。可以说这是西方建筑形式第一次集中地出现在中国。

圆明园就是这样，由不同大小的湖面、不同高低的山丘和形式多样的建筑组成了各具特色的景观。在雍正时期就形成了24景，乾隆时期又增加了20景，加上长春园的30景和绮春园的30景，形成占地5000余亩共有100多处景点的宏大的皇家园林，所以圆明园又被称为"万园之园"。

园林博物馆：颐和园

颐和园前身为清漪园。乾隆十五年（1750），乾隆以庆贺母亲皇太后六十大寿和整治京城西北郊水系的双重名义，开始改造和经营清漪园。造园者首先将原来的瓮山和西湖加以改造，扩大了水面，在湖的东面筑成一道东堤，设有水闸，在湖的西面留出一条西堤，组成具有蓄水功能的大小三个湖泊，取名为昆明湖。同时，在瓮山上下大兴土木，在山的南坡中央建造了大报恩延寿寺，将瓮山定名为万寿山以庆贺皇太后大寿。其于乾隆二十九年（1764）建成，于光绪十四年（1888）改名为颐和园。

清漪园可以划分为三个大的景区。第一是万寿山东部的宫廷区。凡属离宫型园林都有供皇帝上朝听政的地方，所以在清漪园的东宫门里有一组宫廷建筑群。其中有皇帝听政的仁寿殿，住宿用的玉澜堂、宜芸馆和乐寿堂，以及其他建筑。它们是采用传统的前朝后寝的布局，仁寿殿在前，寝宫在后。

第二是万寿山前山前湖区，这是清漪园最主要的部分。万寿山经过改造，形成坐北面南、前临湖水的良好格局，在山的前坡中央建有一大组大报恩延寿寺建筑群。寺的山门、大殿、佛塔沿着轴线，随着山势，由山脚到山顶，依顺序安置在山坡上。其中最高的原为一座高九层的宝塔，还未完工时发现有倒塌危险，拆除后改建为供佛像的楼阁，即佛香阁。这一组建筑金碧辉煌，成了整座清漪园的风景中心。

轴线的两边布置着成组的建筑，其中有游乐建筑画中游、听骊馆、景福阁，还有许多可供休息玩乐的院落建筑。特别是在万寿山的南面脚下，沿着昆明湖岸，建造了一条长达728米的长廊，自东向西，贯穿整个前山区。人们漫步廊中，外观湖光山色，里望组组宫殿。廊里每一间廊子的梁架上都画满了不同题材、不同内容的彩画，形成了一条绚丽多彩的画廊。前湖经改建后，以堤岸分隔成了三个湖面。在三个湖中各有一岛，象征着传说中蓬莱、方丈和瀛洲三座仙山。登上万寿山，近处的昆明碧水，远处的万顷良田，相连成片，一望无际，园林风光在这里得到了无穷尽的伸延。

第三是万寿山后山后湖区。万寿山的北部紧靠着围墙，地势狭窄，本没有什么景致，但造园者却巧妙地在山脚下沿着北墙挖出一条河道，并且使河道形成宽窄相间的湖面，用挖出的土就近在北岸堆成山丘，两岸密植树木，然后将昆明湖水自万寿山的西面引入后山。这样就造成了夹峙在山丘之间的一条后溪河，在这条河的中段还仿苏州水街建造了一条买卖街。

泛舟后湖，湖面忽宽忽窄、忽明忽暗，别有一番景致。登岸步入后山山道，两旁高树参天，树荫深处，散布着亭台楼阁。到了后山的东边还出现一座谐趣园，这是模仿无锡寄畅园建造的园中之园。小水一塘，四周布置着楼台亭榭，环境宁静清幽，别有洞天。整个后山变成了一个与开阔的前山前湖迥然不同、十分幽静的景区。

最大帝王宫苑：承德避暑山庄

承德避暑山庄是中国现存占地最大的古代帝王宫苑，位于河北省承德市北部。始建于康熙四十二年（1703），历经清康熙、雍正、乾隆三朝，耗时87年建成。与颐和园、拙政园、留园并称为中国四大名园。

康熙二十年（1681），清政府为加强对蒙古地方的管理，巩固北部边防，在距北京350多千米的蒙古草原建立了木兰围场。每年秋季，皇帝带领王公大臣、八旗军队，乃至后宫妃嫔、皇族子孙等数万人前往木兰围场行围狩猎，以达到训练军队、固边守防之目的。为了解决皇帝沿途的吃住问题，清政府在北京至木兰围场之间，相继修建了21座行宫，热河行宫就是其中之一。

承德避暑山庄原称热河行宫，于康熙五十年（1711），由康熙亲笔题名为避暑山庄。它也是康熙处理政务、举行各种大典、接见朝臣的场所，是清代又一个政治中心。

避暑山庄的营建，大致分为两个阶段。

第一阶段：从康熙四十二年（1703）至康熙五十二年（1713），开拓湖区、筑洲岛、修堤岸，随之营建宫殿、宫墙，使避暑山庄初具规模。康熙皇帝选园中佳景以四字为名题写了"三十六景"。

第二阶段：从乾隆六年（1741）至乾隆十九年（1754），乾隆皇帝对避暑山庄进行了大规模扩建，增建宫殿和多处精巧的大型园林建筑。乾隆仿其祖父康熙，以三字为名又题了"三十六景"，合称避暑山庄七十二景。

承德避暑山庄由宫殿区和苑景区两大部分组成，总面积约为564万平方米。整个山庄的南部为宫殿区，有正宫、松鹤斋、万壑松风、东宫四组建筑，是皇帝处理朝政和居住的地方。宫殿青砖素瓦，参天古松环绕在其四周，与北京故宫的庄严豪华形成鲜明对照，"澹泊敬诚""四知书屋""烟波致爽""云山胜地"等宫殿是其主要建筑。

苑景区又可分为湖区、平原区和山区三部分。湖区在宫殿区以北，湖光变幻，亭榭掩映，洲岛错落，花木葱茏，好似一派江南景色。月色江声、青莲岛、如意洲、金山岛、清舒山馆、戒得堂、文园狮子林等多个大小不同、形状各异的洲岛分布在湖面上，桥、堤将这些小岛连接起来。平原区位于湖区以北，当年此处碧草无边，野兽奔走，大有边塞牧区景色。位于平原区的万树园，曾经是当年的赛马场。

避暑山庄建成后，康熙皇帝每年夏季都会到此住上一阵。

独特民居：四合院

清代民居建筑丰富多彩，形成了特有的民居文化。这些民居按布局可以分成庭院式、窑洞式、干阑式等七类。庭院式民居中以合院为主，而合院式民居中又以北京的四合院最为典型。

四合院的形式，其形成的年代很早，可以上溯到先秦，但直到明代，其形式才固定下来。到了清代，其建筑数量达到高峰。这种住宅形制，无论在应用上、结构布局上，还是在材料的选用上，都已基本定型。

北京四合院的"四"是指东、西、南、北四面，"合"就是把四面房屋围在一起，形成一个"口"字形的结构。经过数百年的营建，北京四合院从平面布局到内部结构、细部装修都形成了特有的京味风格。

当然，北京四合院的种类是很多的，有小型的一进式，也有复杂的多进式，还有几条中轴线并列而多进的样式。大的四合院往往还有花园。

北京正规四合院一般是在东西方向的胡同里，坐北朝南，有一条严整的南北向中轴线。入口多布置在东南角上，进门之后，迎面一块影壁，壁上饰有精致的砖雕，影壁在空间上还起到轴线转折的作用。

宅内最前是一个狭小的院子，南侧有一排朝北的房子，叫"倒座"，这是仆人住的地方，也可供来客过夜、堆放杂物等。小院的北首有一垛墙，正中（宅的中轴线）有一门，装饰华丽，叫垂花门，门内一个大院，即宅的主院。主宅基本形制是分居四面的北房、南房和东、西厢房，以北房为正屋，北面正房称"堂"，大多为三间，遵守着明清朝廷"庶民庐舍不过三间五架，不许用斗拱，饰彩色"的规定。正房开间和进深尺寸都比厢房大，故体量最大。

正房左右接出耳房，由尊者长辈居住。耳房前有小小的角院，十分安静，所以也常用作书房。这种一正房两耳房的布局被称作"纱帽翅"。正房前，院子两侧各建厢房，其前沿不超越正房山墙，厢房是后辈们的居室。正房、厢房朝向院子，都有前廊，把垂花门与这三座房屋的前廊连接起来，廊边常设坐凳栏杆，可在廊内坐赏院中花树，所有房屋都采用青瓦硬山顶。

房屋四周再围以高墙形成四合院，大门开在宅院东南角。房间总数一般是北房5间，东、西房各3间，南房4间。一个四合院面积约200平方米，连大门洞、垂花门，共约17间。

清代满族人入关后很快接受了这种民居形式，使四合院在清代盛极一时，甚至还传到了吉林。现在吉林很多地方的民居都还是四合院。

北京四合院在清代达到极盛，对当时以及以后的民居建筑都产生了极大的影响，成为汉族典型民居建筑。

蒙古包

蒙古包是蒙古族牧民居住的一种房子，又称毡包房，古人称穹庐，是一种圆形的房屋。相传这种建筑形式由来已久，《汉书》中记载："匈奴父子同穹庐卧。"《后汉书》中也有记载："随水草放牧，居无常处，以穹庐为舍，东开向日。"蒙古包的形状好似天穹宇宙，平面、屋顶都为圆形。具体的做法是先在地面上画一个圈（直径约4米至6米），然后在圆周上立四尺左右高的柱子，使之纵横相连，变成一个网状的围护体骨架。骨架的外面则包羊毡，再用骆驼皮条系住，以抗风寒。上面覆盖一个伞形的屋顶，屋顶一般做成正圆形的天孔，即天窗，能采光，可以开闭，也可以作为换气孔、排烟口。

独一无二的"土楼"

土楼分布在中国东南部的福建、江西、广东三省，它是以生土为主要建筑材料，将生土与木结构相结合，并不同程度地使用石材的大型民居建筑。土楼产生于宋元时期，到清代达到成熟，并一直延续至今。清代的福建土楼最为昌盛。

闽西南靖县坎下村的怀远楼，是一座中型的圆形土楼。此楼直径近40米，共有四层。这座楼的外环为穿斗式木结构屋，外围用土夯墙，上薄下厚，底层墙厚达1.3米。这四层的用途是底层为厨房、杂屋，二层是粮仓，三、四层是起居室及卧室。环的内侧有廊环通，设有四座楼梯，分别设在东北、西南、东南、西北四处。环内中心设圆形小屋，为祖堂。祖堂内有半圆形的小天井，祖堂外环墙不开窗。墙外建有披屋，为各家的猪圈、鸡舍等杂屋。全楼仅有一个大门，位于宅南。底层不对外开窗，二层只开小窗洞。顶层在楼梯间位置伸出四个瞭望台，作为防卫之用。整个土楼坚实雄伟，像一座大型的堡垒。

这种土楼的出现不是偶然的，因为历史上这个地区各氏族之间经常发生冲突。为了保卫自己氏族的安全，一个家族的各户人家集中住在一起，于是出现了这种能够容纳几十户人家的大型住宅。土楼有很多种形式，其中最引人注目的是圆形土楼，简称为圆楼。多数学者认为，这种圆楼应是由方楼逐步演变而来的。这是因为无论从使用还是从结构、建造等方面来讲，圆楼都比方楼优点多。例如，圆楼可以分作同样大小的房间而没有死角，屋顶施工也没有方楼屋脊十字交叉的结头，圆楼对风的阻力比较小，抗震能力比方楼要强，等等。

建成于清代康熙年间的永定承启楼直径约为73米，里面有三层环形房屋相套，共有房间400间。最外一环高四层，底层为厨房和杂物间，二层储存粮食，三层以上住人；第三环为单层的堂屋，是族人议事、举行婚丧

第三章 碧园皇庭——独具特色的清代建筑文化

典礼和其他公共活动的地方。

这么大的圆楼是怎样达到防卫目的的？从圆楼结构上看，首先是外围用高大厚实的墙体。墙厚少者1米，多者有达2.5米的，全部用掺石灰的黄土筑造，逐层夯实。这种灰土墙年代越久越结实，有的圆楼在战火中曾遭大炮轰击也没有损坏，可见它坚实的程度。墙的地下基础用大卵石垒砌，卵石之间压砌得十分紧密，这样可以防止攻击者挖地道攻进楼内。所有房间都向院里开窗，墙外面多不开窗，只在上层开有方形枪孔，作为防卫者射击和抛扔石块之用。整座圆楼大门很少，直径73米的承启楼只开有三座大门。每座大门都用石料砌成门框，门扇用厚木料制成，外面还包有铁皮，里面用横、竖两道门栓顶住大门。为了防止用火攻烧门，在门的上方还特别设计了水槽，可以将水放下，在门扇外形成一道水幕，可有效地防止火攻。楼内挖有水井，有专门储存粮食之地，这些是为了适应长期战乱而设置的。这种在特殊形势下产生的民居，如今成为了中外闻名的住宅奇观。

最大皇陵：清东陵

清代皇陵分两大部分，一是关外陵，即永陵、福陵、昭陵、东京陵，前三者称"盛京三陵"，加上东京陵，合称"关外四陵"；二是关内陵，分东陵和西陵。

清东陵位于今河北省遵化市西北部马兰峪的昌瑞山，离北京市区约125千米，是中国现存规模最宏大、体系最完整、布局最得体的帝王陵墓建筑群。这里有清顺治的孝陵、康熙的景陵、乾隆的裕陵、咸丰的定陵、同治的惠陵、慈安皇太后（东太后）的普祥峪定东陵、慈禧皇太后（西太后）的菩陀峪定东陵等陵墓，还有五座妃园寝和一座公主陵。其中最大、最辉煌的是乾隆的裕陵和慈禧皇太后的菩陀峪定东陵。可惜东陵后来被军阀盗墓，毁坏严重。清东陵于顺治十八年（1661）开始营建，到光绪三十四年（1908）最后建成慈禧皇太后的菩陀峪定东陵为止，历时247年。

孝陵是清东陵的主陵，从陵区最南的石牌坊到孝陵宝顶，在这条长约十里的大道上，排列着大红门、更衣殿、大碑楼、石象生、龙凤门、一孔桥、七孔桥、五孔桥、下马碑、小碑楼、朝房、班房、隆恩门、隆恩殿、琉璃花门、二柱门、明楼、宝顶等。

大红门是东陵大门，前有石牌坊，上有彩画漆饰，金碧辉煌，十分气派。过了大红门是更衣殿，祭陵时人们在这里换衣服，此建筑今已无存。然后是左右排列的十八对石象生，如马、象、麒麟等，还有文臣、武将。裕陵有八对石象生，其他陵五对石象生，非帝陵则不设石象生。大道尽处是大碑楼，建筑重檐飞翘，雄伟壮丽，楼四角设华表。楼正中是圣德神功碑，用满汉两种文字铭刻，内容是顺治皇帝的一生功德。

大碑楼后是龙凤门，用彩色琉璃砖瓦为面，拼出龙凤图案，富丽庄重。在此还有小碑亭、神厨库、三孔桥等。然后是隆恩门，门的东西两侧有茶膳房和果品房，供祭陵时用。另外，还有班房、守护人员用房。隆恩门面阔五间，门内则是隆恩殿，这是举行奠基仪式的地方。殿前月台上，中有铜鼎，两边是铜鹿、铜鹤（今均无存）。殿东西均设配殿，其南为焚帛炉，供祭陵时用。

隆恩殿后是琉璃花门，有三个门洞，均饰彩色琉璃砖瓦。门两旁有宫墙，以示"前朝后寝"，如阳间一样。琉璃花门内是二柱门，门前有台石五供，中有石香炉，炉两边有青石花瓶、蜡烛台等。这之后是明楼，建筑雄伟高耸，上为重檐歇山顶。明楼内竖有石碑，上书庙号陵名，用满汉蒙三种文字写成。明楼下是方城，内为宝城。城中即坟墓，叫"宝顶"，又叫"独龙阜"。

扩展阅读　帝王陵寝：清西陵

清西陵位于河北易县永宁山下，陵区内有雍正的泰陵、嘉庆的昌陵、道光的慕陵、光绪的崇陵4座帝陵，后陵3座，妃陵3座，王公、公主、阿哥园陵14座。

清西陵始建于雍正八年（1730），内围墙面积达750亩。各陵的规格遵守封建等级制度。泰陵居于永宁山下中心位置，是清西陵的主陵。

泰陵前有三座精美高大的石牌坊，一条2.5千米长的大道贯通陵区各部。北侧有具服殿，殿北是圣德神功碑楼，碑楼高26.05米，双檐歇山顶式建筑，四角有汉白玉石华表，满刻云龙浮雕，形态逼真。

再北边有小山名蜘蛛山，作为影壁，绕入壁后为龙凤门，门壁上有用琉璃制成的云龙花卉。门北是神道碑亭、神厨库和井亭，过东西朝房，下面是隆恩门，入门隆恩殿为正殿，殿内明柱沥粉贴金包裹，顶部有旋子彩画，梁枋装饰金线大点金，极其辉煌。

殿后有三座门、二柱门、石五供、方城、明楼，大道通宝城，城上有宝顶，下为地宫。以泰陵为中心，其余诸陵分列东西两侧，建筑形制除无泰陵的碑楼、石象生等之外，大体相同。

第四章 凤毛麟角——清代文化新气象

清代的文化没有汉唐时代的稚气天真，没有两宋时期的纤秾得体，相比之下，清代的文化显得成熟凝重。

千古奇书《红楼梦》

曹雪芹出生于官宦之家。自曾祖起,三代任江宁织造,其祖父曹寅在康熙时期曾得到皇帝格外的恩宠。雍正年间,在统治阶级内部政治斗争牵连下,曹家受到重大打击,其父免职,曹家被抄,曹雪芹也随家人迁居北京。革职抄家给曹雪芹的童年留下了很深的影响,在他十六七岁时,曹家彻底败落,包括曹雪芹在内的曹家子弟沦落到社会底层。

曹雪芹最后的十几年流落到北京西郊的一个小山村,生活困顿,一家三口过着赊粥赊酒的日子。也是在这个时候,曹雪芹开始了长达十年时间的《石头记》(即《红楼梦》)的创作。乾隆二十七年(1762)秋,曹雪芹因爱子夭折而过度悲伤,卧床不起。次年除夕,曹雪芹留下一部书稿,离开了人世。

旷世奇作《红楼梦》是曹雪芹对世界文学宝库的杰出贡献,这部以个人和家族的历史为背景的长篇小说,以其艺术上的精致完美达到了中国古典白话小说的巅峰。而通过对它的研究形成的"红学"则是学术界对其贡献的广泛认可。以对于一本小说的研究形成一门独立的学问，不仅在中国文学史上是独一无二的，在世界文学史上也是罕见的。

《红楼梦》为长篇章回体小说，成书于清乾隆年间。小说以荣国府的日常生活为中心，以贾宝玉、林黛玉、薛宝钗的爱情婚姻悲剧为主线，以金陵贵族名门贾、王、薛、史四大家族由鼎盛走向衰亡的历史为暗线来写，描绘出一批有血有肉的人物形象及其人生百态。

小说主人公贾宝玉是个奇人。他含玉而生，被视为贾府之宝，深得贾府老太太的宠爱。他从小生长在女性簇围之中，痛恨八股，鄙视功名，看不起读书做官之人，懒得与他们结交拜会，俨然一个"逆臣忤子"。他认为"除《四书》外，杜撰的太多"，抛开"正经书"不看，去看《牡丹亭》《西厢记》一类的"杂书"。在他眼中，"凡山川日月之精秀，只钟于女儿"，少女身上荡漾的美丽、纯洁的气息，让他爱，让他怜。尤其是他对林黛玉的爱情，堪称至真至纯，无法比拟。而又正是这至真至纯的爱情及对婚姻自由的期盼，让两人在纷繁复杂的环境中走向了悲剧。

林黛玉为金陵十二钗之首，自幼丧母，命运多舛，体弱多病，但又是个美丽聪慧的女子。"两弯似蹙非蹙罥烟眉，一双似泣非泣含露目。态生两靥之愁，娇袭一身之病。泪光点点，娇喘微微。闲静时似娇花照水，行动处似弱柳扶风。心较比干多一窍，病如西子胜三分。"通过宝玉之口，一个病弱凄美的"神仙似的"林妹妹便整个儿脱身而出了。她生性敏感而善良，因为寄人篱下，做事处处留意，小心慎微；但又过于敏感，听不得别人对她的坏话，总是自己生闷气。她善良爽直，落花葬花，怜人爱人，最后还"大得下人之心"；她聪慧丽质，能吟诗作词，曾在菊花诗会夺魁首，又作葬花一诗动人心。而正是这样一个清逸若仙的女子，却遭受了含恨而死的凄凉命运。

贾府中的其他角色，不管是容貌美丽、肌骨莹润、举止娴雅、恪守妇道却又颇具城府的薛宝钗，精明能干却尖酸刻薄、玩弄权术、心狠手辣的"凤辣子"王熙凤，还是有着卓越才干、智慧过人、见识高远的贾探春……她们各自都随着她们所在的社会形势，走向了各自的命运。

《红楼梦》通过书中各位主人公的命运，通过贾、王、薛、史四大家族的命运，对当时腐朽的封建贵族阶级、害人的封建科举、婚姻、等级制度等社会现实及落后陈腐的统治思想，提出了深刻的批判，展现了穷途末路的封建社会终将走向灭亡的趋势。它是一部具有高度思想性和艺术性的伟大作品。

此外，《红楼梦》也是一部百科全书式的长篇小说，它在描写宝黛爱情的同时，也描写了广阔的社会生活，上自皇妃国公，下至贩夫走卒，都有生动的描画。它对贵族家庭的饮食起居的生活细节都进行了真切细致的描写，比如园林建筑、家具器皿、服饰摆设、车轿排场等；它还展现了作者对烹调、医药、诗词、小说、绘画、建筑、戏曲等各种文化艺术的丰富知识和精到见解。《红楼梦》的博大精深在世界文学史上是罕见的。

文言短篇小说巅峰《聊斋志异》

《聊斋志异》的作者是清代文学家蒲松龄（1640—1715），字留仙，一字剑臣，别号柳泉居士，世称聊斋先生，自称异史氏，淄川城外浦家庄（今山东省淄博市淄川区洪山镇蒲家庄）人。他出身于一个逐渐败落的中小地主兼商人家庭。19岁为诸生，接连考取县、府、道三个第一，补博士弟子员。以后屡试不第，直至71岁时才成为贡生。为生活所迫，他除了应同邑人宝应县知县孙蕙之请，为其做幕宾数年之外，主要是在本县西铺村毕际友家做塾师，舌耕笔耘近42年，直至康熙四十八年（1709）方撤帐归家。康熙五十四年（1715）正月病逝，享年75岁。

《聊斋志异》共计490余篇。全书的故事来源很广泛，有的是作者的亲身见闻，有的出自过去的题材，有的采自民间传说，有的为作者自己的虚构。有些故事虽有模拟的痕迹，但作者在生活经验的基础上，加以丰富的想象，推陈出新，充实了这些故事的内容。

《聊斋志异》能获得如此高的成就，主要源于作者高超的艺术创造力。他能以丰富的想象力建构离奇的情节，同时又善于在这种离奇的情节中进行细致的、富有生活真实感的描绘，塑造生动活泼、人情味浓厚的艺术形象，使读者沉浸于小说所虚构的恍惚迷离的场景与气氛中。小说的叙事语言是一种简洁而优雅的文言，人物的对话虽以文言为主，但较为浅显，有时还巧妙地融入白话成分，既不破坏总体的语言风格，又在一定程度上克服了通常文言小说的对话难以摹写人物神情的不足，创造性地继承了志怪小说和唐传奇的优秀传统，形成了独特的叙事风格。

关于蒲松龄流传着这样一个故事。在蒲松龄的故乡淄川，新来一位县官，姓乌。他年轻为官，十分骄矜，听说当地名士蒲松龄学问过人，很不服气。

有一次，他邀请一批乡绅叙饮，并要蒲松龄同去。这时蒲松龄已经年老，本不想去，后听说此人颇有才名，心想去见一见也好，他如好来，我也好去，他如有意刁难，我也有办法对付，于是前去赴宴。席上，乌县令趁着酒兴，出了一个上联："二人土上坐。"蒲松龄知道这联难对，因"坐"字拆开是两个"人"字和一个"土"字，不过难不倒他，当即对了下联："一月日边明。"接着乌县令又出上联："八刀分米粉。"这联更难了，"八刀"相拼为分，"分"和"米"再相合是"粉"，下联也势必要相拼相合。众人都望着蒲松龄，看他怎么对法。然而，蒲松龄只略一思索，不紧不慢地答道："千里重金锺。"

乌县令听了，也暗暗佩服蒲松龄对得好，但见没难倒他，还不罢休。他说："这次我再出一联，对不出要罚酒三杯。"蒲松龄笑道："如果对出又怎么样呢？"乌县令说："罚我三杯酒。"于是又出上联："笑指深林，一犬眠竹下。"蒲松龄应声对道："闲看幽户，孤木立门中。"乌县令无奈，只得罚酒三杯。本来事情这样结束，也恰到好处。可偏偏乌县令负气不认输，定要压倒蒲松龄。这时，门外一个麻子佣人踏雪送酒进来，因他脚穿钉鞋，雪上留下一个个圆点，好像麻点。乌县令便不顾身份，即景出一上联："钉鞋踏雪变麻子。"蒲松龄听了，很替那个佣人抱不平，心想：你出对难我无妨，去侮辱佣人，实不应该。既然这样，我也要替这佣人出出气了。他抬头看见乌县令年纪轻轻，身穿大狐裘，扬扬得意地自斟自饮，就随口对道："皮袄披身装畜生。"蒲松龄下联一出口，满座一阵哄笑，乌县令下不来台，恼羞成怒之际，正巧一只老鼠穿堂而过。乌县令急中生智，忙走到蒲松龄跟前说："蒲老先生，我再出一联给老先生对对。"随后念道："鼠无大小皆称老。"蒲松龄一听就知道他不怀好意，心想，你身为县令，既然不知自爱，那我就不能给你留面子。于是他一拱手赔笑道："乌县令，我斗胆对下联了。"这时众乡绅见他们刀来枪去，实在坐不住了，但又不好意思走掉。只见蒲松龄对道："龟有雄雌总姓乌。"

至此，乌县令满脸羞惭，无言以答，只好假装酒醉，拂袖退席。

第四章　凤毛麟角——清代文化新气象

批判之最《儒林外史》

《儒林外史》是清代作家吴敬梓创作的长篇章回小说,是中国清代杰出的现实主义长篇讽刺小说,它不仅对中国近代谴责小说产生了直接影响,而且对现代讽刺文学也有深刻的启发。

《儒林外史》脱稿后即有手抄本传世,后人评价甚高,鲁迅认为该书"如集诸碎锦,合为帖子,虽非巨幅,而时见珍异""秉持公心,指摘时弊",胡适认为其艺术特色堪称"精工提炼"。在国际汉学界,该书更是影响颇大,早有英、法、德、俄、日、西班牙等多种文字传世,并获汉学界盛赞,《儒林外史》足堪跻身于世界文学杰作之林,可与薄伽丘、塞万提斯、巴尔扎克和狄更斯等人的作品相提并论。

吴敬梓(1701—1754),字敏轩,号粒民,晚年自称"文木老人"。他从小聪颖好学,却厌恶科举;性格豪迈爽直,却不善治理家业。他在文学创作上颇有天赋,花费了整整20年的时间,完成了他的心血之作《儒林外史》,也因此成为中国文学史上批判现实主义的杰出作家之一。

《儒林外史》全书共56回，约40万字，由许多个生动的故事相互衔接而成，这些故事中有近200个人物，大都有现实的原型。如苦于科举又迂腐不堪的周进、范进，自私贪婪并能在性格上相互涵纳、彼此补充的严监生、严贡生，仗义疏财、豪爽清逸的富家子弟杜少卿等。

周进是山东兖州府汶上县的一个教书先生。为了能出人头地，荣耀乡里，他屡次参加科举考试，可是到60多岁连个秀才也没中，还因呆头呆脑，被主顾家辞了出来。迫于生计，他只好随做生意的姐夫做了记账的人。一天，他与姐夫来到省城，走进了贡院，不想竟触景生情，悲痛不已，一头撞在了号板上，不省人事。被救醒后，又满地打滚，哭得口中鲜血直流。好在有人相助，凑了银子替他捐了个监生，此后，他就开始一路高升，飞黄腾达了。

范进在中举前有着跟周进相似的境遇，他的中举也是直接得益于周学道的特殊照顾。当年这个54岁的老童生，中举前在家里倍受冷眼，尤其是他那屠夫老丈人，总是狗眼看人低，对他吆五喝六。他的家境也糟糕得一塌糊涂，举家都在为揭不开锅的生活发愁，就在中举捷报传来前，范进还抱着鸡去集市上，想卖了换米。捷报传来，老太太让邻人去找范进，他刚听到这消息时，还以为是邻居在哄他。当他被邻居拉回家中，亲眼见证自己中举后，竟然"往后一交跌倒，牙关咬紧，不省人事"。醒来后，他就疯了，直到被那屠夫老丈人扇了耳光，才醒悟过来。中举后范进一家时来运转，本来门可罗雀，现在自然是门庭若市了。钱米自然不用发愁，房子也有人提供，连使唤的奴仆、丫鬟也有了，范进俨然一位老爷了。即便是平日对他毫不客气的屠夫老丈人，也一反常态对他毕恭毕敬起来。而范进的老母亲，则又是由于过度高兴，一口痰堵住了胸口，死了。

高要县的严监生是个守财奴，他家中米烂粮仓，牛马成群，可在平时连一斤猪肉也舍不得买，临死还惦记灯盏里多点了一根灯草。严监生的哥哥严贡生，则是个横行乡里的恶棍。他强圈邻居王小二的猪，还行凶打断了王小二哥哥的腿；他四处讹诈，没有借给别人银子，却硬要人家偿付利息；他把云片糕说成是贵重药物恐吓船家，以赖掉几文船钱；在弟弟严监生死后，他又恬不知耻地借着"礼义名分"的"乡绅大礼"，逼着弟媳过继他的二儿子为儿子，图谋夺取严监生一生的家产。

作为中国古代讽刺文学的典范，《儒林外史》成功塑造了这些生活在封建末世和科举制度下的封建文人群像，深刻地批判了吃人的科举、万恶的礼教和腐败的社会。

文化饕餮《四库全书》

《四库全书》是乾隆皇帝亲自主持的中国历史上规模最大的一部丛书。由总纂官纪昀率360多位高官、学士编纂完成，该书初稿完成于乾隆四十七年（1782），乾隆五十七年（1792）全部完成。主要包括经、史、子、集四部，有3462种书目，79338卷，总字数约8亿。《四库全书》是我国现存最大的一部官修丛书，是清乾隆时期我国乃至世界最大的文化工程，它相当于同时期法国狄德罗主编《百科全书》的44倍，清乾隆以前的中国重要典籍，许多都收载其中。

《四库全书》成书后，先编写了四个抄本，分藏于文源阁、文渊阁、文津阁、文溯阁（即"内廷四阁"或称"北四阁"）。乾隆五十三年（1788），又续抄三部，分贮于文汇阁、文宗阁、文澜阁（即"江浙三阁"或称"南三阁"）。这七部抄本，深藏于秘府，普通世人很难看到，之后又经战乱，屡遭焚毁，文源阁、文宗阁、文汇阁藏本已不复存世，文溯阁本曾遭日本侵略军的抢掠，文澜阁也一度散失，文渊阁本则于20世纪40年代末被运到台湾收藏，这就使得幸存的《四库全书》变得弥足珍贵。

《四库全书》的编纂人员都是当时的著名学者，可以说是代表了当时学术的最高水平。

纪昀（1724—1805），字晓岚，别字春帆，号石云，道号观弈道人、孤石老人，直隶献县（今属河北献县）人。他历经了清朝雍、乾、嘉三个朝代，生活在清朝的上升时期。相比于中国古代很多文学家，纪昀算是命运较好的一个，他一生官运亨通，事事如意。他是乾隆皇帝最喜爱的大臣之一，常常能得到皇帝的庇护。23岁的时候，他就中了当年第一名举人。这次考试原准备另一名考生朱珪得卷首的，可是当副主考官左都御史刘统勋看到纪昀的试卷后，认为他"佳语冠场"，于是把他定为第一，并把试卷呈给乾隆皇帝看。乾隆看过之后，赞扬他是"公少年英特……褎然榜元（一榜之首）"。于是，把他定为第一，而把朱珪定为第六。

纪昀31岁的时候，考取了进士。这以后，他就在官宦仕途上一路畅通，他除了短时期的外放之外，其余几乎全部都在京城任职。关于他的官

第四章 凤毛麟角——清代文化新气象

职,《清史稿》是这样记载的,他"乾隆十二年第一名举人。十九年,成进士,改庶吉士。二十二年,散馆,授编修。荐擢詹事府左春坊左庶子,充日讲起居注官。昀官编修,于二十六年京察一等,以道府记名。"纪昀成了庶吉士之后,被授予了翰林院编修。在这个职位上,他创造了生命中的辉煌,那就是《四库全书》的编修。

这件事情开始于乾隆三十八年(1773)二月。当时皇帝命儒臣校核明代的《永乐大典》,下诏搜寻散落在民间的遗书,开设《四库全书》馆,选翰林院的官员专门纂辑。这时,大学士刘统勋举荐纪昀当纂修官,于是纪昀就干起了这件名垂千古的事业。

不久,皇帝又接到奏折说,"卷帙浩博。必须斟酌综核,方免挂漏参差",因而又举荐纪昀"为总办,搜辑《大典》中逸篇坠简,及海内秘笈万余部,厘其应刊、应钞、应存者,依经史子集部分类聚,撮其大凡,列成总目,为《提要》二百卷"。这就是说,纪昀不仅要编纂《四库全书》,还要给这些书写出内容提要。这些提要总汇就有二百卷之多。

到乾隆三十九年(1774)七月,皇帝又因为《总目提要》卷帙浩繁,因此,又命纪昀辑出《简明书目》一编,从浩繁的书海中,衡量、筛选出更为重要的辑成一编。这时,皇帝又向天下征求遗书(遗落在民间的书籍),要求凡是中外所献的图书,选择其中的珍本,制作成诗放在卷首。而在这一项目中,纪昀就进书上百本。

这个巨大的工程完成之后,纪昀受到了极大的嘉奖,他的仕途因此而更加畅通辉煌。乾隆四十一年(1776),他被擢升为侍读学士,九月任日讲起居注官;乾隆四十三年(1778),擢升詹事府詹事,四月,擢升内阁学士,兼礼部侍郎;乾隆四十七年(1782)擢兵部侍郎;之后历任都院左都御史、礼部尚书、兵部尚书、高宗纯皇帝实录馆副总裁、协办大学士、太子太保及管国子监事宜等职。可以说，纪昀一生是荣耀的一生。

批评怪杰：金圣叹

清代顺治年间，中国出现了一个文学评论家金圣叹。

金圣叹是吴县（江苏苏州）人，他生于明神宗万历三十六年（1608），卒于清世祖顺治十八年（1661）。

金圣叹其实不姓金，也不叫圣叹，据说他本姓张，名采。为什么改为"金"呢？有说法是这和他的一次科举考试有关。

清代是我国思想文化发生大变化的时期。到金圣叹所生活的时代，人们的思想受世界资本主义潮流的影响，民主的观念有了一些萌芽，金圣叹可以说得风气之先。他少年有才，性情放诞，写的文章也很有个性，属于那个时代的"另类"。但是清代到底还是个封建专制的社会，他的这种思想得不到社会的认同。因此，当他参加当时科举考试的时候，写出的文章思想怪诞，于是他名落孙山。到第二年考试的时候，他想，如果再用张采的名字，恐怕难以被录取，于是，他改了一个名字——金人瑞，用这个名字参加童子试，结果这次考试，他的文章被一位很有名望的前辈看中了，于是把他提到了第一位，结果高中了。

不过，另一种说法是，"金人瑞"是明亡后他改的名字。

金圣叹提出"六才子书"之说，即《庄子》《离骚》《史记》、杜甫的律诗、《水浒传》和《西厢记》。可惜，在他刚评完《西厢记》和《水浒传》的时候，他以叛逆罪被判处斩首，他的愿望没能全部实现。这六才子书中，既有正统的忠君爱国之作、哲学思想著作，又有农民起义之作，还有男女情爱之作。可见金圣叹评文的眼光是很开阔的，思想也是包容的。另外，他也爱品评词曲等文学作品。他所品评的书，当时的读书人，几乎家家都有。他的评论，视角独到，透彻精辟，很受大众欢迎。这些评论，被世人称为"金批"。

在他罹难之后，他的族人金昌叙将它们辑录成《唱经堂外书》《唱经堂内书》和《唱经堂杂篇》。这每一部书又包括很多著作，仅《唱经堂外书》就包括《第五才子书》《第六才子书》《唐才子书》《必读才子书》《杜诗解》《左传解》《古传解》《释小雅》《孟子解》《欧阳永叔词》等，这些著作，部分收入现今的《唱经堂才子书汇稿》中。

在金圣叹的诸多文学评论中，我们列举一二。比如评《水浒传》，他认为，在一个高俅之下，还有一百个高俅及其狐朋狗党，他们结成了祸国殃民的势力。梁山的一百单八个好汉，是不得已上了梁山，梁山英雄的造反是"乱自上作"。他又认为，天下无道，庶人才敢议，"从来庶人之议皆史也"。又如在《西厢记》的评论中，他虽然也宣扬一些儒家的道德规范，但又对崔莺莺和张生的叛逆行为予以赞美。不过，由于时代的局限，金圣叹的文评中还存在一些矛盾的观点，如他一方面肯定梁山英雄行为是不得已而为之，另一方面，他又斥责他们犯上作乱。

金圣叹还为后人的文学评论开辟了一条道路。一方面，他在文学批评中探索文学的创作规律，把人物的塑造放到创作的首要位置，主张写出人物的多面性和复杂性，又保持人物的完整性和统一性。这完全可以从他对《水浒传》中一些主要人物形象的分析中看出。另一方面，他肯定人物塑造中的语言个性化的重要性，主张"一样人，便还他一样说话"。此外，他也很注重故事情节。他认为，情节要出人意料，又要合乎情理……这些见解，在今天也是很有价值的。

旷世奇才：龚自珍

龚自珍是清代有名的文学家、思想家，他的《己亥杂诗》等诗作在中国文学史和思想史上享有盛名。他名自珍，更名巩祚、易简，字尔玉、伯定，又字璱人，号定盫，又号羽琌山民，浙江仁和（今杭州）人，生于乾隆五十七年（1792），卒于道光二十一年（1841），他处在清朝由盛到衰的时期。

龚自珍出生在一个仕宦兼学者的家庭。他的祖父当过内阁中书军机处行走,父亲任过江南苏松太兵备道等职务,外祖父是清代著名的训诂学家、经学家段玉裁,母亲受过良好的教育。龚自珍的这些最亲近的家人都有著作问世或行世。祖父有《吟臞山房诗》,父亲有《国语注补》等多种,母亲有《绿华吟榭诗草》,外祖父段玉裁的著作就更多了。

龚自珍的启蒙老师应当说是他的母亲。他从小受母亲的良好教育,好读书,而且兴趣广泛,志向远大。他8岁读《登科录》,就有志于研究科名掌故的学问;12岁跟随外祖父段玉裁学《说文》,就有志于以经说字、以字说经的学问;14岁时,他考察古今官制,又有志于研究当时官制损益的学问;16岁读《四库提要》,又准备研究目录的学问;17岁时,他看见石鼓,又有志于研究金石之学。从这些立志来看,龚自珍所希望从事的都是一些实际的、具体的、于社会人生有益的学问。这和他成年之后所提倡的经世之文同出一辙,也可以说他从小就有经世济世之志。事实也正是如此。龚自珍一生著作丰富,他的著作都和社会人生有着各种联系。龚自珍的文章,被后人称为"经世之文",和那些脱离现实的书斋之谈有天壤之别。

可能也正因为如此,龚自珍的科举并不成功。因为当时的科举考试,完全脱离现实,龚自珍不屑于作此空谈,所以他的科考成绩不理想。19岁时,他开始参加科举考试。首先参加乡试,即每三年在省城举行的一种考试,主要内容是考"四书""五经"、八股文和策问。这些考试的内容中,只有"策问"还联系一点实际,其余都是从书本到书本的空谈。到嘉庆二十三年(1818),他应浙江乡试,中了个举人。但是第二年的京城会试,他又落榜了,直到28岁才开始进入仕途。

道光十二年(1832),中国发生大旱,皇帝下诏征求直言。大学士富俊走访龚自珍，向他征求意见，龚自珍向他提出了八条有关急务的重要建议，这些建议受到富俊肯定，于是他得以进入内阁，当了一名内阁中书。"中书"是内阁中较为低等的官职，在清代的官级中定为"从七品"，跟县官的级别差不多。他们的任务主要是办理奏章的翻译，为皇帝草拟命令等。在此任上，龚自珍曾上书给大学士，请求准许到阁中看书，充当一名史馆校对。到了史馆，他又上书，论述山川形势，他还参加了《大清一统志》的修撰。

由于科举的失败和职务的不遂心意，他逐渐认识到社会政治的腐败，于是产生了改革政治的愿望。他重新学习了历史，特别向当时的著名学者刘逢禄学习《春秋公羊传》，写了一些具有新思想的文章。他还写了一部名为《伫泣亭文集》的书。当时的"吴中尊宿"王芑孙看了他的文集和诗集后说："诗中伤时之语、骂坐之言，涉目皆是。"可见，龚自珍对时事，已经是非常痛恶了。

此后，他又参加了五次会试，都落榜了，直到他38岁时，才终于成为进士。不过，他的职务仍然是内阁中书。直到43岁，他才调迁宗人府，担任主事的职务。宗人府是管理皇室宗族事务的机构，负责处理宗室的谱牒、爵禄、教戒、赏罚、祭祀等。龚自珍在这里主要管理典籍，级别为正六品。也是在这里，他得以充任玉牒馆纂修官。后来他调迁礼部主事祠祭司行走。到了礼部之后，他又上书论述四司政体。两年后，又补主客司主事。"主事"一类官职，地位低下，不是胸怀大志的龚自珍所向往的，于是48岁时，他毅然辞去了职务，回归故里。不幸的是，两年之后，他猝死于丹阳。

龚自珍的仕途虽不如意，但他的学术成就很高。《清史列传》中说，

第四章　凤毛麟角——清代文化新气象

当时以奇才名天下者，一是魏源，一是龚自珍。《清诗纪事》中也说"晚清文人，龚定盦最负重望"。他生平治学颇博杂，取得了多方面的成就。他的著作具有前瞻性和实用性，除了写文学著作之外，他还精于西北舆地之学，写过《西域置行省议》《东南罢番舶议》等与地理、贸易和行政有关的著作。这一切都是从当时或后世的需要出发的。他的史学、哲学、政治论著如《古史钩沉论》《乙丙之际箸议》《平均篇》《农宗》等都具有这种性质。龚自珍的文学成就更是世人瞩目，蜚声史册，如《己亥杂诗》《病梅馆记》《己亥六月重过扬州记》《捕蜮》等。

知识链接

娄东诗派：吴伟业

吴伟业（1609—1672），字骏公，号梅村，江苏太仓人。明末清初著名诗人，与钱谦益、龚鼎孳并称"江左三大家"，又为娄东诗派开创者。长于七言歌行，初学"长庆体"，后自成新吟，后人称之为"梅村体"。和钱谦益不同的是，吴伟业没有很强烈的用世之心，入清以后本打算不再参与政治性的活动。但为了保全家族，他又不得不出仕清代；仕清以后，内心背上了传统名节观念的沉重负担，自悔愧负平生之志，心情十分痛苦。

扬州怪才：郑板桥

郑板桥（1693—1766），江苏兴化人，原名郑燮，字克柔，号理庵，又号板桥，人称板桥先生，是中国历史上一位特立独行的文学家。他身栖诗、书、画三艺，其诗、书、画世称"三绝"，为"扬州八怪"之一。

郑板桥本是书香世家子弟，但他出生时，家道已中落。祖父是一位朝廷命官。父亲郑之本，虽然没有做官，但为人正直，写得一手好文章，在家设馆授徒。郑板桥的母亲端丽聪慧，通晓诗文。外祖父有深厚的文学修养，性格豪爽雅逸，只是不愿做官，隐居在家。

郑板桥少年好学，兴趣广泛，人又聪明。他不仅喜爱文学，还爱好绘画。他好读书，读书有"三自"精神，即"自刻苦，自激奋，自坚立"。他又"不苟同俗，深自屈曲委蛇，由浅入深，由卑及高，由迩达远，以赴古人之奥区，以自畅其性情才力之所不尽"。这"三自"的学风，为他的安身立命打下了基础。他读书有独特的方法和刻苦之处，"每读一书，必千百遍，舟中、马上、被底，或当食忘匕箸，或对客不听其语，并自忘其所语，皆记书默诵也"。

他虽然爱好读书，可是他厌恶经学，这又造成了他与当朝社会的巨大矛盾。这种矛盾使他的科考不如意，难以入仕。所以他终止学业而开馆收徒，当了一名私塾先生，过起了"半饥半饱清闲客，无锁无枷自在囚"的生活。

这种生活，从他26岁左右开始一直到他48岁被举荐为范县县令为止。他虽为县令，可生活依旧清贫。他常常债台高筑，以致"爨下荒凉告绝薪，门前剥啄来催债"。他不得不为躲债而逃到焦山的一座寺庙里借住。

他曾因生活的清贫而接受过别人的资助，也曾因生活的清贫而心灰意懒、放浪形骸。幸亏他爱好学习，涉猎广泛，有天生的艺术才能，在十分艰难之中，他以卖画来养家糊口。他对第一次扬州卖画有这样的记叙："学诗不成，去而学写，学写不成，去而学画。日卖百钱，以代耕稼。实救困贫，托名风雅。免谒当途，乞求官舍。座有清风，门无车马。"他还说："十载扬州作画师，长将赭墨代胭脂。写来竹柏无颜色，卖与东风不合时。"

郑板桥虽然厌恶经学，但是他也向往功名。这种矛盾长久不得解决，直到他40岁的时候在南京的一次乡试中考中了举人。但是，这也没有给他的生活带来什么变化，他仍没得到一官半职。这样又过了几年，到44岁的时候，他中了进士。中了进士，也得不到官职。一混又是三四年，到乾隆五年（1740），他结识了乾隆皇帝的亲叔叔慎郡王允禧。在慎郡王的举荐下，乾隆六年（1741），郑板桥才得了一个山东范县县令的职位。

这样就开始了他12年的仕宦生涯。但是仕途险恶，他的性格又不合时宜，最终他在61岁的时候被削职了。于是他回到了扬州，又过起了卖画生活。这一过又是十多年，直到乾隆三十一年（1766）去世。

第四章 凤毛麟角——清代文化新气象

第五章
南腔北调——曲艺『唱响』清代文化

以戏曲、舞蹈和音乐为标志的表演艺术，在清代有了繁荣的发展。其中戏曲艺术迎来了其发展历史上的又一个高峰，曲艺方面新生的曲种大量涌现，舞蹈和音乐在继承优秀传统的基础上也取得了新的成就。

国粹京剧的诞生

清乾隆五十五年（1790），皇帝八十大寿，举国庆贺。各地官员都想方设法在庆典上讨皇上的欢心。乾隆五十五年，"三庆班"到北京祝寿。谁知这一地方腔调一登上京城的舞台，便得到了北京从上流社会到下层百姓的高度赞赏，从此便扎下根来。徽调之所以能快速在京城扎根，究其原因有以下几点。

第一，徽调是产生于安徽的一个声腔剧种，在形成过程中，受到过秦腔（梆子腔）、弋阳腔、昆腔与青阳腔的影响。因此，它的腔调的包容性较强。

由于徽调曾受过秦腔的影响，存在秦腔的乐调成分，因而它到了北京后，继续吸收秦腔的乐音就不是一件困难的事情。这种吸收的主要途径是秦腔演员加盟徽班，如秦腔名角魏长生的高足刘朗玉在嘉庆年间成了三庆班的台柱。

徽调发展成京剧的关键不是与秦腔的结合，而是汉调艺人于道光年间来京演出时，把徽调与汉调融合。京剧开始被称为皮黄腔，是西皮与二黄两种腔调结合而形成的一种新的声腔。一般认为，西皮腔虽然兴起于湖北，但其根却是秦腔。秦腔传到湖北襄阳一带，经湖北艺人的加工，演变为襄阳调，后称湖广腔，又称西皮。二黄本是徽调的主要腔调，它经过长江到达湖北的黄冈黄陂地区，演变为具有当地特色的二黄。后来，西皮与二黄合流，形成了皮黄腔，被人们称为汉调，又叫楚调。

嘉庆四年（1799），汉调演员米应先来京参加徽班春台班。到了道光年间，又有汉调演员王洪贵和李六、余三胜进京，加入徽班。徽班音乐中本来就有秦腔成分，汉调二黄又来自安徽的二黄，因此，徽班很容易容纳汉调的唱腔，也很容易学西皮二黄。

湖北皮黄调与徽班的二黄调等结合以后，其经过一段时间的发展，产生了变化。首先，改变了以往剧目多以旦角为主的局面，而以老生为主，且唱做并重。所演的剧目有《文昭关》《让成都》《法门寺》《草船借箭》《四郎探母》《定军山》《捉放曹》《碰碑》《琼林宴》《打金砖》《战樊城》《打渔杀家》等。

这一时期出现了名重一时的程长庚、张二奎、余三胜这三个杰出的老生演员，人称"老生三鼎甲"。三人之中，程以声情并茂受到观众的欢迎，张以直率奔放而独树一帜，余以嗓音醇厚、唱腔旋律优美著称。由于三人籍贯各异，在唱念上各带乡音，因而形成了徽（程）、京（张）、汉（余）三大流派。这三位演员在改革皮黄戏以及皮黄戏过渡到京剧的过程中，都发挥了重要作用。

第二，在语音上摸索出了一套音韵规范，以适应北京地区观众的听觉习惯。其语音吸取了京腔、昆剧、汉调的发音优点，又具有一种表演的特性，形成了一种特别的宾白语调。

第三，形成了一整套角色行当的发音方式，如老生、老旦用本嗓，旦角用假嗓。同时他们还探索出男女同声不同调的唱法，如生旦同声歌唱，音高相差四度，但是听起来相当协调。

第四，在乐器的使用方面，以胡琴伴奏托腔。胡琴托腔比起笛子托腔更为灵活，使唱腔、过门、板眼在旋律和节奏上都摆脱了一定的约束，增强了指法的灵活性及声腔的表现力。

由于京城社会的相对安定和清皇室对京剧的爱好，北京的戏剧演出活动日益频繁，涌现了以谭鑫培、王瑶卿为代表的一大批著名京剧表演艺术家。此后京剧逐步从北京辐射到全国，成为我国观众最多、流行区域最广、影响最大的戏曲剧种。

京剧脸谱

我国戏剧中的脸谱，早在几百年前就出现了。在十二、十三世纪金院本的演出中，就已经出现了以面部中心有一小块白斑为显著特点的丑角脸谱。到十七八世纪，净角已能扮演很多不同性格的正反面形象，脸谱艺术也开始多样化。京剧是在19世纪初期形成的，它的脸谱艺术又有了进一步发展。

京剧脸谱这种造型艺术，不是一般的面谱，更不同于面具，它是我国特有的一种独具风格的艺术形式。它同京剧的唱腔、音乐、舞蹈、服装一样是很精湛的艺术，体现人物性格、特征。京剧脸谱多达几百种，每个脸谱都有一种主色，以构成人物的基本色调，如红色表示忠勇、正义，黑色表示刚直、果敢，白色表示多谋、狡诈，黄色表示勇猛、残暴，蓝色表示坚毅、勇敢等。这种主色也是自然肤色的艺术描绘。脸谱主要夸张眉、眼、嘴、鼻和脑门五个部位，构图式样分整脸、三块瓦脸、六分脸、碎花脸等多种。但构图式样以不同人物的形貌特征为依据，即使同一式样的脸谱，不同人物的各部位的线条色画和色彩处理也不同。演员脸形不同，勾画也不一样。

京剧脸谱不仅具有强烈的民族艺术特点，还能表达广大人民的感情，辨忠奸，分善恶，寓意褒贬。如李逵的脸谱要整脸，不要碎脸，才能完整体现出他特有的既善良、正直，又带粗鲁的性格；张飞是蝴蝶谱大花脸的形象，可充分表现出他豪爽通达的性格；楚霸王是寿字眉，鱼眼改宽，通天眉一直拉下来，象征英勇无敌、不可一世，但又有垂丧感。

洪昇与《长生殿》

洪昇，字昉思，号稗畦，又号稗村、南屏樵者，浙江钱塘（今杭州）人。生于顺治二年（1645），卒于康熙四十三年（1704），享年60岁。

《长生殿》既给洪昇带来巨大声誉，也给他带来一场灾难。就在这部作品问世的第二年（1689），黄六鸿以在孝懿皇后丧期演戏为"大不敬"的罪名上本，引发了"国服未除""非时演唱"的《长生殿》案。

康熙帝下旨，着刑部逮洪昇入狱，后又从轻发落，被革去国学生籍。事后不久，洪昇便在"揶揄顿遭白眼斥，狼狈仍走西湖湄"的境况下，离开北京回到杭州。受此打击后，洪昇对功名之事心灰意冷，转而寄情于山水，以求精神的解脱。

回到家乡后，不仅热情的民众欢迎这位大戏剧家，达官贵人也对他另眼相看。他每次出游，公卿士大夫都争先延揽，虚席以待。康熙四十三年（1704），洪昇受江南提督张云翼之邀前往松江，观看《长生殿》的演出，江宁织造曹寅接着又把他请到江宁，并遍邀南北名士，隆重搬演《长生殿》，历时三天。洪昇在归途中经过乌镇时，因酒醉失足落水而死。这位清代大戏剧家和诗人就这样结束了他的一生。

《长生殿》是洪昇呕心沥血的一部力作，"盖经十余年，三易稿而始成"。《长生殿》既不是单一的爱情主题，也不是单一的政治主题，它是一部思想内容比较丰富和复杂的作品。总体而言，剧中对李隆基和杨玉环的爱情描写占了主要篇幅。但作者并不想把《长生殿》写成一部单纯的爱情悲剧，他还通过李杨的爱情悲剧寄寓自己对统治阶级"乐极哀来"的历史教训的深刻思考。此外，剧中也表达了作者歌颂忠义、抨击权奸、同情人民疾苦、缅怀故国河山等多方面的思想感情。所以，我们对《长生殿》的主题基本上可做如下概括：作者以李隆基和杨玉环的爱情故事为主线，讲述了唐王朝由盛而衰的历史。在描写李杨的生死情缘时，作者寄寓了自己生死不渝的爱情理想。与此同时，作者又将李杨的爱情与"安史之乱"

联系起来,表现出了劝惩思想。

与历史上的李隆基和杨玉环相比,洪昇所塑造的李隆基和杨玉环形象发生了很大变化,作者在这两个人物身上注入了很多新的内容。

第一,《长生殿》中的李杨爱情较此前戏剧作品中的爱情描写有了新的发展。在《西厢记》中,人们看到的是崔莺莺与张生如何克服封建礼教的束缚,在矛盾斗争中勇敢地让爱情向前进一步。《牡丹亭》描写杜丽娘在重重禁锢之下,还没有进入现实的爱情,就已死于对爱情的渴望。《长生殿》中爱情描写的新特点在于,它主要是表现了李隆基和杨玉环是如何排除宫廷爱情中的杂质,由不专向专一发展。在这个过程中,作者十分看重和强调感情的作用,他使观众看到李杨的感情达到了那样强烈的程度,以至于当事者宁可为了它而舍弃一切。这种爱情已经具有了现代爱情的特点,这也是清初出现的个性解放思潮在洪昇思想中的反映。

第二,杨玉环形象的塑造体现了作者要求提高妇女地位的思想。在封建社会里,妃子只是帝王的玩物。然而杨玉环却不甘心做玩偶,她不仅要求明皇对她感情专一,还要唐明皇把他们的爱情从今生延续到来世。特别是杨玉环死后他们在精神世界里的爱恋,这时他们之间的感情没有强迫和服从,只有心心相印。在洪昇眼里,杨玉环是不能与褒姒相提并论的,作者不认为她是亡国祸水或乱国根芽。洪昇在妇女问题上表现出的平等思想,是清初思想的鲜明反映。

孔尚任与《桃花扇》

孔尚任,字聘之,又字季重,号东塘,自称云亭山人,别号岸堂。山东曲阜人,孔子六十四世孙。他生于清顺治五年(1648),卒于康熙五十七年(1718)。

孔尚任年轻时于曲阜石门山中读书,留心举业。这时他已开始博采旧闻,准备写一部反映南明兴亡的传奇作品。康熙二十三年(1684),康熙帝南巡,回京时路过曲阜,前往祭祀孔子。孔尚任被荐举在御前讲经,深得康熙赏识,37岁的孔尚任被任命为国子监博士。

康熙二十五年(1686),孔尚任跟随工部侍郎孙在丰前往淮扬,负责疏浚黄河海口,直到康熙二十九年(1690)才返回北京。在这几年里,他目睹了官场的黑暗,也接触了民众疾苦的生活。我们从他的诗集《湖海集》中可以看到他对下层民众疾苦的深切关心和同情。

也正是在这段时间里,孔尚任有机会到扬州和南京等地,寻访和凭吊秦淮河、燕子矶、明故宫和明孝陵等古迹。孔尚任到扬州登梅花岭,拜谒史可法衣冠冢时，结识了冒辟疆、邓孝威、杜于皇和石涛等明末遗民，又到栖霞山白云庵走访道士张瑶星。孔尚任从他们口中亲耳听到不少南明掌故，又搜集到不少前朝的野史逸闻，为后来的《桃花扇》创作准备了大量素材。

康熙三十四年（1695），孔尚任迁户部主事。康熙三十八年（1699）六月，《桃花扇》书成。《桃花扇》一经问世，便以其内容的丰富性、思想的深刻性和巨大的艺术感染力而引起广泛的社会反响。"王公荐绅，莫不借钞，时有纸贵之誉……长安之演《桃花扇》者，岁无虚日，独寄园一席，最为繁盛。名公巨卿，墨客骚人，骈集者座不容膝……然笙歌靡丽之中，或有掩袂独坐者，则故臣遗老也，灯炧酒阑，唏嘘而散。"就连康熙帝也急于看到这部传奇，"己卯秋夕，内侍索《桃花扇》本甚急……午夜进之直邸，遂入内府。"

康熙三十九年（1700）年三月初，孔尚任升任户部广东清吏司员外郎，但是三月中旬就被罢官。关于罢官的原因，孔尚任的说法是，"命薄忽遭文字憎，缄口金人受谤诽。"其意显然是说因"受谤诽"而得祸。我们从"《离骚》惹泪余身世，社鼓敲聋老岁华"的诗句得知，孔尚任以《离骚》暗喻《桃花扇》，其实就是告诉世人是《桃花扇》引起的祸端。由于作者在剧中歌颂了史可法等忠臣义士，抨击了卖国求荣的降臣叛将，并流露出强烈的兴亡之感，所以《桃花扇》引起清廷的不满。

孔尚任罢官还乡后，"自勾湖上收租簿，人索村间寿母文""岁歉愁观天气象，年衰喜看母形容"，过着并不富裕的生活。家居期间，孔尚任应当时的山西平阳知府之邀，前去协助编撰《平阳府志》。回乡六七年后，因得津门诗人佟蔗村的帮助，《桃花扇》才得以刻板印行。康熙五十七年（1718），这位伟大的戏剧家在曲阜家中病逝，终年71岁。

《桃花扇》是一部以南明从建立到覆灭为背景的历史传奇。

其创作背景如下。明崇祯十七年（1644），李自成的农民起义军攻占北京，明崇祯帝朱由检在煤山自缢。吴三桂勾结清兵入关，镇压农民起义军。同年五月，以凤阳总督马士英为首的将领在南京拥立福王朱由崧为帝，年号弘光。当时南明王朝统辖的江南一带还有相当的军事和经济实力。而随着清兵的入关，人民群众期望着南明君臣励精图治，抗御清兵，收复失地。然而，弘光帝却不顾大敌当前，沉湎于声色。马士英、阮大铖等奸党把持朝政，对内重兴党狱，排挤忠良，对外则结欢清兵，以求偏安江左。清兵趁机大举南下，攻陷南京，福王被俘，在不到一年的时间里，南明从此四分五裂。

《桃花扇小引》中记载，孔尚任就是想通过他的《桃花扇》回答明朝"知三百年之基业，隳于何人，败于何事，消于何年，歇于何地？不独令观者感慨涕零，亦可惩创人心，为末世之一救矣"。

在此背景下，《桃花扇》以复社名士侯方域和秦淮名妓李香君的爱情故事为主线，真实而全面地反映了南明覆灭的过程。

为了达到总结历史教训的目的，作者首先把揭露和批判的锋芒指向祸国殃民的乱臣贼子和无能的昏君。剧本从复社文人侯朝宗等人与阉党余孽阮大铖的斗争写起，这场斗争实际上是东林党与阉党斗争的继续，但在明末又注入了新的内容。阮大铖虽因附逆而受到惩罚，但贼心不死，他利用拥立新君之机而与马士英相勾结。

马士英与阮大铖窃取了军政大权后，趁机搜刮民财，以满足其贪欲。不但如此，他们还一方面厚颜无耻地以声色之好取悦弘光帝，一方面不择手段地排挤和打击史可法等元老重臣，甚至重兴党狱，迫害东林党人和复社成员等反对派人物，一时缇骑四出，滥捕滥杀。当左良玉以"清君侧"的名义前来兴兵问罪时，他们竟然无耻到"宁可叩北兵之马，不可试南贼之刀"，于是大开江防锁钥，全力与左兵相拼，这就给清兵大举南下以可乘之机。

史可法是剧中着力刻画的英雄形象。在南明政权建立后，正直的史可法因被马士英所忌，只好出镇江北。然而江北四镇因与马士英勾结，并不听他的指挥。为了争夺扬州，四镇悍将刀兵相见，史可法只好以一张告示来调停。从中可以看出这位空有一腔爱国热血的忠臣"只手儿怎擎青天"的艰难处境。清兵渡河之后，史可法带领三千老弱残兵死守扬州，他痛哭流涕，决心以死报国，为全剧谱写了悲壮的一章。

孔尚任十分强调历史真实的重要性，竭力避免因"闻见未广，有乖信史"，并且一再标榜"朝政得失，文人聚散，皆确考时地，全无假借"。他在历史真实的基础上牢牢把握住艺术规律，很好地解决了艺术真实与历史真实的关系，从而使这部巨作在编织故事、展开情节、铺垫冲突和营造气氛等方面都表现出令人信服的巧思和匠心。

开启相声艺术文化之先河

相声大约形成于清代道光至同治年间。早在宋代已有以学市井叫卖声为主要特征的"像声"表演,如《武林旧事》卷一和卷六中就记载有当时的"百鸟鸣"和"学乡谈"等模仿声音的口技式表演形式。明代也有类似的表演。"相声"有"口技""象声"和"像声"等不同称谓。不仅在京城,在南方这种口技拟声的表演形式也有所见。

道光年间北京的"八角鼓""拆唱"表演著名丑角张三禄,为人机智诙谐,但性情刁钻,常在演出时擅自临场抓哏,使同台演员无法应对。长此以往,导致了同行不愿与其搭班演出。他愤而撂地,一人以说演笑话的方式谋生,并在笑话说演中加入"拆唱八角鼓"表演的"逗哏"技巧。他不愿称自己的表演为"八角鼓",而自称为"相声",由此开创相声单口表演的先河。又由于"八角鼓"的"全堂"表演,即不同的演唱方式组台演出的联合表演,讲究"说、学、逗、唱、吹、打、拉、弹",行当齐全,后来相声的表演中也借鉴戏曲与民间小调的学唱传统,所以,相声艺人在后来的艺术实践中，也以"说、学、逗、唱"来概括艺术技巧。

张三禄之后，相声形成三个支派，即朱（绍文）派、阿（彦涛）派和沈（春和）派，但阿、沈两派没有朱派兴旺。阿彦涛又名阿剑涛，满族。原为"八角鼓"票友，后因家道衰落而说相声，以《虚子论》最为著名。因其早年为不营业演出的票友，世称"清门"子弟。当时把平时业余所说的自娱性相声称"清门相声"；而把撂地演出且以迎合听众为目的相声，称为"浑门相声"。

"清门"与"浑门"的合流，客观上壮大了相声演出的队伍，丰富了相声演出的曲目。与阿彦涛同时期说相声的"清门"子弟，还有裕二福、瑞贵、英瑞、荣秀和牛顺等。沈春和又名沈长福，原为评书艺人，后随朱绍文改行说相声。徒弟有魏昆志、冯昆治、裕二福和高闻元等人。后来传到东北地区的相声，主要是这一支。马麻子是同治和光绪年间在北京西城一带撂地表演单口相声的艺人。他表演的节目中，最爱说《会仙记》。

与马麻子同时代的相声艺人，以朱绍文最为著名。朱绍文（1829—1904），艺名"穷不怕"，世居北京地安门外毡子房。幼习二黄小花脸，曾搭"嵩祝成"，因不能唱红，遂弃本业，改习架子前脸（彩扮莲花落的丑角）。据传咸丰帝死后，勒令百日之内不许动乐演戏，朱绍文为生计所迫，于同治年间改行到天桥一带撂地说相声。他还善于即兴编演另一种曲艺形式数来宝，并在相声演出前，常以自编的有趣对联吸引和聚拢听众，可谓多才多艺。

朱绍文在后来的岁月里一直表演相声，没有再回归他原来的本行。他以较为全面的修养，推动了相声行业的发展。他有四个弟子，分别名为"贫有本""富有根""徐有禄""范有缘"。富有根本名桂祯，人称

"桂三爷",后授徒裕德隆、范瑞亭等;徐有禄本名徐永福,绰号"徐三",后授徒焦德海、卢德俊、刘德智等;范有缘本名范长利,又名范一斋,后授徒周德山、郭瑞林等。

朱绍文收徒后,与弟子们搭档演出,由一个人表演变成同时可以由两个人来对话表演,开创了"对口相声"的表演方式。他所传下来的相声段子,有《字象》和《拆十字》等。由朱绍文开创的这种对口相声艺术,在清代末年一直被继承和发扬。

朱绍文以其相声艺术的独特影响,在清末被列为"天桥八大怪"之首。"天桥八大怪"是当时人们对八位在天桥行艺的具有神功绝技的民间艺人的一种称呼,他们是"穷不怕""醋溺膏""韩麻子""盆秃子""田瘸子""丑孙子""鼻嗡子""常傻子"。

当时知名的相声艺人,还有"百鸟张"(张昆山)、"人人乐"(朱凤山)、"恩子"(恩绪)、"张麻子"(张德全)、"小范"(范瑞亭)、"周蛤蟆"(周德山)、"万人迷"(李德钖)、焦德海等,其中较为著名的要数焦德海和李德钖。

李德钖的相声很有思想性,无须靠外在的俗套讨笑迎合。特别是他与张德全合作演出之后,改"浑口"为"净口",较少诨酸粗俗的内容,相对显得清雅。所以,清末民初能进入杂耍馆子演出且能"压大轴"的相声艺人,他算是一个,从而赢得了"笑话大王""相声大王"和"滑稽大王"的美誉。

相声在北京形成并逐渐壮大后,开始向外地发展。先后传到天津和东北。最早到天津行艺的相声艺人是名叫裕二福的满族人。他于光绪初年到天津说单口相声,获得成功,颇负盛名。之后,又相继有周蛤蟆、马德禄、陶湘如等赴天津献艺。从此，相声由土生土长的北京曲种开始向全国性曲种发展。

皮黄腔的形成

相对于昆山腔、弋阳腔和梆子腔而言，皮黄腔是晚起的声腔。皮黄腔是西皮与二黄两腔之合称。它的剧本是在兼容各种不同历史时期的成果基础上进行创作的。

了解皮黄腔早期剧本文学创作的情况，本来应该追溯到乾隆年间进京的四大徽班的演出剧目，可惜目前还没有发现这方面的史料。现在我们所知的皮黄腔的早期剧目，只能上溯到道光年间。那时的皮黄腔剧目和梆子腔剧目之间的关系还没有严格的分界，剧目计有《琼林宴》《阳平关》《战樊城》《鸿鸾喜》《法门寺》《文昭关》《借赵云》《让成都》《定军山》等六十九种。

王芷章的《腔调考源》中，记载了艺人传抄的《春台剧目》，著录了道光十年左右早期皮黄艺人汪一香（全林）、陈鸾仙（凤林）、丁鸿宝（云香）、胖双秀、郑连贵、莲生等人在北京演出的剧目三十五种，如

《献长安》《西唐传》《敬德归天》《贪欢报》《秦淮河》《胭脂虎》《坐楼杀惜》等。道光年间抄本的《花天尘梦录》（马彦祥藏）卷九"燕台花镜诗"中著录的剧目有《女三战》《虹霓关》《琼林宴》《无底洞》三十八种。朱家溍辑清升平署剧本和档案中咸丰十年至十一年（1860—1861）演出的剧目有《金锁阵》《送亲演礼》《三岔口》《朱仙阵》《望儿楼》《青石山》等七十三种。还有同治八年至九年（1869—1870）的演出剧目《打龙棚》《打龙袍》《战长沙》等十三种。

上述剧目大部分只见于史料中，少见抄本。现在所能见到最早的皮黄腔完整的剧本，当推中华人民共和国成立后发现的汉口"文升堂""文雅堂"和"唐氏三元堂"刊行的《新镌楚曲十种》，现存五种，藏于中国艺术研究院。

楚曲又名楚腔、楚调或汉调，是发源于湖北一带的地方戏曲，即汉调（汉剧）的前身，属皮黄腔系统。楚曲传入北京后，风靡一时，直接影响了京剧的形成。下面介绍的五种楚曲，剧本形式古朴，可以认为是为满足一般市民和农民观众的需要而刊印的通俗唱本。

《英雄志》，四卷二十五场。演三国时代诸葛亮安居平五路的故事。

《李密降唐》，又名《断密涧》。内含"秦王打围""拾箭降唐""招宫杀宫""双带箭"四回（四出），未分场，演李密、王伯当降唐复叛故事。

《祭风台》，共两册四卷二十八回。演三国时赤壁鏖战的故事。

《临潼斗宝》，分"说计进宝""晓谕各国""上山结拜""临潼斗宝"四回。未分场。演春秋时代伍子胥力举千斤铜鼎的故事。

《青石岭》，又叫《莲台山》。分"收王洪""收孟禧""草桥关""归天团圆"四四出。

在皮黄腔的早期作品中，收入《新镌楚曲十种》中的《祭风台》较有代表性。它在内容和形式方面都取得了较高的成就。

如果说小说《三国演义》已经在历史真实的基础上进行了大量艺术创作，那么楚曲《祭风台》则在小说的基础上又前进了一步。它已不是一般意义上的历史剧，而是一部经过高度想象和夸张处理的充满传奇色彩的历史故事剧。剧中成功地塑造了一批栩栩如生的历史人物形象，其中以诸葛亮、周瑜和曹操等人的形象最为突出。诸葛亮可以说是剧中的灵魂，也是作者着意刻画并将其理想化的人物。在历史上，诸葛亮过江后并不居于军事对抗双方的主导地位，但是为了塑造人物的需要，剧中的主线一直是围绕诸葛亮与周瑜的关系而展开的，笔墨也主要放在揭示这两个人物的时而剑拔弩张、暗藏杀机，时而又握手言欢、心灵相通的微妙关系上面。由于作者延续并进一步强化了原小说中的尊刘抑曹的传统，所以在诸葛亮的塑造上不但不惜花费心血，而且投入了极大的热情，使这一人物成为中华民族智慧的化身。《祭风台》在塑造曹操的形象时也很有独到之处。它一方面继承了原小说的特点，将曹操作为一个"奸雄"的典型来塑造；另一方面，又强调他是一个惨遭失败的统帅。

皮黄腔的剧本创作主要是由艺人在舞台实践的过程中完成的，群体性是这种创作的基本特征。但是，由于皮黄腔在发展过程中的影响越来越大，其社会效应和艺术魅力强烈地吸引了一些文人参加剧本的创作。不但如此，一些善于打本子的艺人也逐渐从演员中分化出来，成为专职的编剧。所以相对于弋阳腔和梆子腔而言，皮黄腔剧本创作的专业化程度也略高一些。

北京评书

北京评书通常简称"评书"。表演形式为一人以折扇和醒木为道具，用北京话徒口坐台说演。清代北京民间有关徒口说书的记载，始见于康熙年间李声振《百戏竹枝词》中。北京的评书是在借鉴南方传入的"评话"说演形式的基础上，并在一定的条件下，由北方乡村流入城市的鼓书艺人弃唱趋说蜕变而成的。这种蜕变的一个结果是，也有一部分鼓书艺人，特别是新加入的女艺人弃说趋唱，逐渐创立了唱曲性很强的城市大鼓。

梆子腔臻于成熟

秦腔，别称梆子腔，梆子腔是戏曲四大声腔之一，因以硬木梆子击节而得名。梆子腔形成于明代中期，清代以后进入成熟和迅速发展时期。在顺治、康熙和雍正三朝中的九十多年的时间里，梆子腔在艺术上日趋成熟和完备，并以山陕地区为根据地，不断向外发展。陕西的秦腔、山西中路梆子、北路梆子、河北梆子、河南的豫剧（河南梆子）、山东的山东梆子

（曹州梆子）、山东的莱芜梆子等，均属梆子腔。

康熙四十六年（1707）深秋，因《桃花扇》而遭祸的孔尚任，家居七年之后应山西平阳知府刘棨之邀，前往修纂《平阳府志》。他在第二年的新春和元宵佳节怀着极大兴趣观看了平阳地区的社火、昆曲和乱弹的演出后，写下著名的《平阳竹枝词五十首》，用美好的诗句表达了对这种声腔的由衷赞叹，从中可以看出诗人完全被秦腔的演出折服了。

康熙时的一些史料中谈到秦腔的一些活动情况，刘献廷《广阳杂记》说："秦优新声，有名乱弹者，其声甚散而哀。"《燕九竹枝词》中有一首为陈健夫所作，其中说"锣鼓喧天满钵堂，鸾弹花旦学边装"，这表明被称作乱弹的秦腔不但已在北京站稳脚跟，而且角色分工中已经出现"花旦"，说明秦腔的角色分工有了很大发展。从雍正《上谕内阁》中所收四川总督黄廷桂奏折中得知，当时驻藏的"川省兵丁队中，择其能唱乱弹者"，"不时装扮歌唱，以供笑乐"，这说明从四川到西藏都有了秦腔的足迹。

秦腔从关中迅速向外传播，自然需要传播媒介和机遇。明末农民大起义造成一次人口大流动，李自成和张献忠的农民军很多都是关中人，这些人中有不少人散落在长江以北的广大地区，他们之中不乏秦腔的传播者。更为重要的是山西、陕西商人的活动。康熙以来，随着商业的发展，各地商人普遍在城市中设立会馆。他们以会馆为根据地，一方面进行商业交往，一方面追求精神享受，于是演剧活动就成为他们娱乐、拉拢感情的方式，而会馆则成为戏班活动的重要场所。

山西、陕西的商业资本很早便已发达，康熙以来更加活跃，其触角伸向江苏、浙江、福建、广东、湖北、湖南、四川、云南、山东、河北各地。秦腔在清初的传播主要借助山陕商帮的活动，乾嘉以后，山西商业资本的扩大又为秦腔的传播打开了更为宽广的道路。

经过清初的迅速发展，梆子腔不但在艺术上趋向成熟，而且在全国范围内产生了广泛的影响。这种方兴未艾的势头必然给戏曲舞台已有的格局造成冲击，于是一场以花雅之争为标志的艺术竞争不可避免地到来了。

花部与雅部的概念是在乾隆时期出现的。《燕兰小谱》说："今以弋腔、梆子等曰花部，昆腔曰雅部。"李斗的《扬州画舫录》说："两淮盐务，例蓄花、雅两部，以备大戏。雅部即昆山腔；花部为京腔、秦腔、弋阳腔、梆子腔、罗罗腔、二簧调，统谓之乱弹。"花部与雅部的划分反映了士大夫文人崇雅抑俗的偏见，同时也表明了这场艺术竞争的阵容。严格地说，花雅之争主要是针对乾嘉时期的戏曲舞台而言。

花雅之争具有双重特点，它既是一场雅俗之争，又是一场新旧之争。所谓新旧之争也有双重含义，一是说秦腔是新兴的声腔，二是说以秦腔为标志，一种不同于曲牌联套体的戏曲新体制——板式变化体出现了，从这种意义上说，这次花雅之争还带有两种戏曲音乐体制之争的性质。如果说这场雅俗之争本身就已十分激烈的话，那么由于清政府文化政策的介入则使这种竞争变得更加错综复杂。

清政府从维护统治地位的需要出发，一向采取崇雅抑俗政策。它曾先后采取发布禁令、设局改戏、审定音律和编纂宫廷大戏等一系列措施，试图将戏曲活动纳入官方规定的轨迹。不但如此，它还以公开发布禁令的方式对新兴的梆子腔进行打击。清政府的禁令使梆子腔无法在京师立足，秦腔班社或解散或远走他乡。从表面上看，梆子腔的确在京中销声匿迹了，但这并不等于梆子腔真正消失，嘉庆年间此类禁令的再次发出，表明梆子腔的势力仍然存在。

说唱艺术的兴盛

在清代音乐文化众多的艺术形式中,说唱音乐占有十分显著的地位。这一方面是由于城市文化的发展为其提供了发展空间。另一方面明清时期的说唱艺术继承了自唐宋以来的优良传统,经过长期的创造和经验的积累之后,说唱艺术在内容和形式上得到了不断丰富。

从现今已发现的260多个说唱曲种中,音乐性强,并有乐器伴奏的曲种就达200多个,有相当部分是在明清两代中发展起来的。从清代说唱艺术的类别划分上来看,弹词和鼓词是整个说唱艺术中的两大门类,是这一时期说唱艺术的代表。

1. 弹词

弹词是因伴奏乐器为弹拨类乐器而得名的,其在表演形式上有说有唱,唱的成分要稍多于说的成分。弹词在表演中分"单档"和"双档"两种。所谓单档,是由一个演员自弹自唱,独立完成,而双档则是由二人演出,二人都操乐器,轮流演唱完成作品(也有三人或三人以上的双档)。在乐器的使用上,单档多用三弦,双档则再加一琵琶,但有时也因作品的需要再加入二胡、扬琴和月琴等来充当伴奏。

在形式上,弹词最早可以追溯到宋元时期的一些民间说唱形式和带过场式的说唱段落。弹词在明代中期就已经十分流行。在明代,弹词主要流行于我国南方城乡,由于南方地域方言十分复杂,而且曲腔差异较大,因此,弹词又细分为苏州弹词、扬州弹词、长沙弹词和绍兴平湖调等。但在艺术结构和形式特征上,上述的弹词基本同出于南方弹词一类,其中,影响最大并具有代表性的当数苏州弹词。

苏州弹词即以苏州为代表的弹词艺术,要求演员必须掌握"说、噱、弹、唱"四种技巧。"说",是说白,是弹词的一个重要部分;"噱",是即兴创作的笑料,也叫"穿插";"弹",是对乐器的运用,其技巧要熟练自如;"唱",是声音表现和修养的体现。

在内容上,明清时期的弹词多以爱情故事为题材,注重对风花雪月、才子佳人的描写与刻画。其代表作品有《珍珠塔》《玉蜻蜓》《天雨花》《笔生花》和《再生缘》等,由于这些作品多反映女性问题,因此明清弹词的听众多为女性。

在语言上,弹词的说唱语言分为"国音"和"土音"两大类。国音的弹词语言,主要以北方(北京)的语言为基础,而土音的弹词语言则以当地的吴音(江南一带的地方方言)为基础。在后来弹词艺术的发展中,国音弹词逐渐注重对历史故事的挖掘,而土音弹词仍以爱情题材为主,这也反映了弹词艺术在发展的过程中最终形成了南北两大流派,这种南北形式的格局也是说唱艺术史的一个重要特点。

弹词盛行于江南一带的时候，曾经出现过一大批很有成就的弹词表演艺术家，这些人对弹词艺术的发展起到了十分重要的作用。如陈遇乾（清嘉庆、道光年间人）、俞秀山（与陈同期）和马如飞（清咸丰、同治年间人），这三位弹词表演艺术家在清代被称为江南弹词艺术的三大代表，即当时的"陈、俞、马"三大派。其中，陈遇乾所创立和代表的陈派弹词，腔调苍凉粗犷，行曲高亢明快；俞秀山所创立和代表的俞派，唱腔迂回曲折、宛转悠扬，有"春莺百啭"之美称；而马如飞创立并代表的马派，广泛地吸收民间音调，其唱腔朴质豪放，字简音洁，形成了独具一格的"爽利清劲"的艺术风格。陈、俞、马三派在明清时期代表了弹词艺术的主流，对后世影响极大，在后来中国数百年的说唱文化中所形成的许多流派，大都与这三派的说唱艺术有着渊源的关系。

2. 鼓词（含鼓书）

鼓词的艺术形式，最早可以追溯到宋代勾栏艺术中的鼓子词、话本和元代的词话等说唱形式。在明清时期，鼓词主要流行于北方，其表演特点是，表演者在演唱时自己击鼓，节奏由自己掌握。其伴奏乐器有鼓、三弦、琵琶、四胡和一些小型打击乐器。鼓词是有说有唱的，但与弹词相反，其在表演过程中偏重于说的部分，而唱只注重重点情节的部分。

明代的早期，鼓词篇幅很长，常表现一些大型化的历史题材故事。在这些历史题材的作品中，有的情节具有虚构的成分，并且含有迷信的色彩。但在鼓词艺术的不断发展过程中，鼓词逐渐舍弃了长篇大套的说唱结构，保留了具有真实历史故事的精彩片段，后经说唱艺人的艺术加工，形成了一种新型的说唱形式，时称"段儿书"。

清代中后期，大鼓书艺术的出现是明清时期鼓词再发展的一个延伸。

梨花大鼓起源于山东西北部农村。其早期形式是在农村田间耕作休息时，民间说唱艺人用农具中的铁犁残片相互击打以作说唱伴奏，故得名犁铧大鼓。清末进入城市后，"犁铧大鼓"改名为"梨花大鼓"。"梨花大鼓"在后来的发展中，经过了很多次革新，最后成为今天的"山东大鼓"。

此外，鼓词的代表形式还有"西河大鼓"和"梅花大鼓"。"西河大鼓"前身是流行在河北中部农村的木板大鼓，也被称为"西河调""河间大鼓"。"西河大鼓"的创始人是清代道光年间的马三峰，马三峰在长期研究木板大鼓的过程中，广泛吸收戏曲和民歌的唱调，并用铁板和大三弦为主要伴奏乐器，最终形成了西河大鼓的唱腔风格。梅花大鼓是清代末年流行的一种鼓书艺术。它最初起源于北京，后来流行于华北一带。在表演形式上，梅花大鼓由演唱者自己击打鼓板演唱，并由两三个人来伴奏，乐器为三弦、琵琶和四胡。唱词以七言为主，其唱腔软媚抒情、哀艳忧伤，并且字少腔长。梅花大鼓属于小段儿鼓书，在内容上因受城市文化和贵族子弟的喜好等因素影响，注重对爱情题材的选择。在后来的发展过程中，梅花大鼓也经历了形式和内容上的改革，今天仍保留着这一说唱形式。

除上述几种鼓书形式外，清代中后期的鼓书艺术还有京韵大鼓、东北大鼓、湖北大鼓和京东大鼓等形式，大多属于小段鼓书，形式大同小异，各有千秋。

知识链接

山东快书

山东快书俗名"武老二",是因为最初的说唱内容主要是有关《水浒传》里的打虎英雄武松的故事。武松在家排行老二,听众就称说唱他的故事的这种曲艺形式为"武老二"。与之相应,表演山东快书的艺人,被称作"说武老二的"或"唱武老二的"。山东快书约在清道光、咸丰年间形成于鲁西南,后兴盛于山东及华北、东北各地。

秧歌戏蓬勃发展

戏曲的繁荣发展,不仅使其发展成为我国乐舞文化的重要组成部分,还加速了民间歌舞向歌舞小戏发展的进程。歌舞小戏中主要有秧歌戏、采茶戏、花鼓戏、花灯戏四大系统。

秧歌是在我国广泛流传的一种极具群众性和代表性的汉族民间舞蹈的类称,秧歌戏则主要流传于山西、河北、陕西、东北各省等地,少数民族中也有,但主要活跃于汉族农村。

清代是秧歌发展的繁盛时期，各地秧歌都有其组成的特点和不同的舞蹈风格，但演出形式大体是类似的。秧歌一般称作"会"，如辽南、陕北的"秧歌会"，京、津一带叫"走会""花会"或"香会"等。这是因为秧歌不是由一种歌舞形式、一支秧歌舞队构成，它包括龙、狮、车、船、灯、鞭等多种舞蹈形式。

有些地区以是否踩跷和踩什么样的跷把秧歌区分为"高跷秧歌""寸跷秧歌"和"地秧歌"；也有的按歌、舞的内容侧重不同而分为"文场秧歌"（侧重于唱）和"武场秧歌"（侧重于舞）。

秧歌的演出程序一般是先"踩街"，或称"过街楼""街趟子"。到达演出场地后，定点演出。先"下大场"，集体表演，以"走阵子"（跑队形）为主。大场过后，进行小场，有"小花场""对子秧歌""踢场子"等不同称呼。这是秧歌演出的重点部分，或歌，或舞，或逗（说风趣的吉利话或有简单情节的逗趣），或练拳棒，或耍杂技，各逞其能。

小场中有单人场、双人场、三人场等。双人场或称对口场，大多由一男一女表演，三人场由一男二女或二男一女表演。小场表演一般都带有简单的生活情节，这就是歌舞小戏"二小戏"（一旦、一丑或一生）、"三小戏"（一旦两丑，或一生、一旦、一丑）的雏形。

从这样的演出结构可以看出，秧歌表演具有很大的灵活性，也有很大的容量。整个舞队，人数可多可少，少者数十人，多者可达百余人；可以由几种歌舞组成，也可以容纳下几十种表演形式；小场节目可多可少，唱舞随意，可以组合在一起演，也可以单独演；演什么节目也可以根据队员自身的条件安排，这就为众多的民间艺术家施展多方面的表演才能提供了极为广阔的空间。秧歌戏正是在这样的温床上生根、发芽、成长起来的。

扩展阅读　吹吹腔

吹吹腔形成的年代，虽然至今尚难以具体确定，但从清乾隆年间吹吹腔已经流行来推论，最晚也当在清初。

吹吹腔系白族古老的戏曲剧种，用白语和汉语演唱，流行于云南西部云龙、洱源、鹤庆、剑川等白族聚居地区。从剧目内容和艺术形式上看，吹吹腔除具有白族艺术特征外，还接受了汉族古典戏曲的影响，与弋阳腔尤为接近。

吹吹腔剧目有300多个，其中历史悠久、广为流传的有《血汗衫》《火烧松明楼》《蔡雄过年》《八郎探母》等80多个本子。剧本独具白族特色，文学性强，唱词为"三七一五"的"山花体"，白语和汉语掺杂，讲究韵律。表演有严格的套路，行当分工名目众多。演出时载歌载舞，感染力很强。

中华人民共和国成立前，吹吹腔濒于灭亡。1949年后，政府采取了抢救措施，搜集整理了一批传统剧目，也创作了一批反映现实生活的新剧。

为了弘扬民族文化，1959年，成立了大理白族自治州吹吹腔剧团，演出过《杜朝选》《火烧磨坊》《三月三》等吹吹腔剧目。1962年，成立大理白族自治州白剧团，以大本曲唱腔为主，同时使用吹吹腔音乐，吸收了白族民间的音乐的吹吹腔逐渐发展为白剧。

第六章
别「具」风采——盛世繁华的清代家具

清代初期，我国家具基本延续了明代家具的风格。在康、雍、乾三代，社会财富的积累达到顶峰，皇家园林大量兴建，清朝皇帝为显示其正统地位，对皇室家具的形制、用料、尺寸、装饰内容、摆放位置等都有要求。

沉稳瑰丽的京式家具

清代家具与明代家具在造型艺术及风格上有着明显差异。清代家具的特点首先表现在用材厚重上，家具的总体尺寸较明代宽大，相应的局部尺寸也随之加大。其次是装饰华丽，表现手法主要是镶嵌、雕刻及彩绘等。清代家具所体现的稳重、精致、豪华、艳丽的风格和明式家具的朴素、大方、优美、舒适的风格形成鲜明的对比。

此外，清代家具还具有鲜明的地方特点和风格，较前代有所不同。

"京仿"家具俗称"京式"家具，主要指北京地区生产的以宫廷用器为代表的京式家具，一般以清宫造办处所做家具为主。造办处有单独的木作，木作中又有单独的广木作，广木作全由从广州征选的优秀工匠充任，所制家具较多地体现着广式风格。但由于木材多从广州运来，一车木料辗转数月才能运到北京，沿途花费人力、物力较大，这一点使皇帝对制作家具也十分慎重。因此，造办处在制作某一件器物前都必须画样呈览，经皇帝批准后方可制作。这些御批中经常记载着这样的事，皇帝看了样子后，觉得某一部分用料过大，便批示将某部分收小些，久而久之，京式家具形成较广式家具用料稍小的特点。

造办处普通木作，多由江南广大地区的工匠充任，做工趋于苏式。不同的是他们在清宫造办处制作的家具较江南地区用料稍大，而且掺假的情况亦不多。

从纹饰上看，京式家具较其他地区又独具风格。它从皇帝收藏的古代铜器和石刻中吸取素材，巧妙地装饰在家具上。在家具上雕刻古铜器纹饰虽在明代就已开始，但清代在其基础上进一步发展。明代时这种纹饰多见于装饰翘头案的牙板和案腿间的挡板，清代则在桌案、椅凳、箱柜上普遍应用；明代多雕刻夔龙、螭虎龙（北京匠师多称其为拐子龙或草龙），而清代则是夔龙、夔凤、拐子纹、螭纹、蟠纹、饕餮纹、兽面纹、雷纹、蝉纹、勾卷纹、回纹等无所不有，工匠根据不同造型的家具而施以不同形态的纹饰，显示出古色古香、文静典雅的艺术特色。

后来，这些宫廷家具逐渐传入民间。光绪年间，北京有了专门修造民间硬木家具的作坊，后来也承做榆木大漆家具。

引领潮流的广式家具

明末清初之际，由于大量西方传教士来华，传播了一些先进的科学技术，促进了中国经济文化的繁荣。

广州凭借地理位置的优势，成为我国对外贸易和文化交流的一个重要门户。随着对外贸易的进一步发展，各种手工艺行业如象牙雕刻、瓷器烧造、景泰蓝等，也都随之发展。加之广州又是贵重木材的主要产地，南洋各国的优质木材也多由广州进口，制作家具的材料比较充裕。这些得天独厚的条件，赋予广州家具独特的艺术风格。

广式家具的特点之一是用料粗大充裕。以故宫博物院收藏的清紫檀点翠嵌牙人物插屏为例，该插屏由底座、立柱、站牙、余塞板、披水牙和屏框组成。在这件插屏的各个部件中，用料粗大充裕的特点最突出地表现在两侧瓶式立柱上，每个立柱从底座墩木的上平面算起，柱高达63.5厘米，瓶腹最宽处19厘米，厚6.5厘米。要削成细脖、大腹、小底的方瓶形式，自然要挖掉许多木料。两柱间的横枨用料也较大，宽8厘米，厚4厘米。插屏底座的木墩，长55厘米，宽11厘米，高15厘米，用料也较大。

广式家具的腿足、立柱等主要构件不论弯曲度有多大，一般不用拼接做法，而且惯用一块整木挖成，其他部位也大体如此，这关系到插屏的稳定与否，所以广式家具大多比较粗壮。

广式家具的另一特点是木质一致，一件家具全用一种木料制成。通常所见的广式家具，或紫檀，或红木，皆为清一色的同一木种，决不掺杂别种木材。而且广式家具不加漆饰，使木质完全裸露，让人一看便知。

广式家具的又一特点是装饰花纹雕刻深峻、刀法圆熟、磨工精细。它的雕刻花纹隆起较高，个别部位近乎圆雕。加上磨工精细，花纹表面莹滑如玉，丝毫不露刀凿的痕迹。

广式家具的装饰题材和纹样，也受西方文化艺术的影响。明末清初之际，西方的建筑、雕刻、绘画等技术逐渐传入中国，自清代雍正至乾隆、嘉庆时期，模仿西式建筑的风气大盛。如北京西郊西苑一带兴建的圆明园，其中就有不少建筑物从建筑形式到室内装修，无一不是西洋风格。为装饰这些殿堂，清朝每年除从广州定做、采办大批家具外，还从广东挑选优秀工匠到皇宫的造办处，为皇家制作与这些建筑风格相协调的中西结合式家具，用中国传统技法制成家具后，再用雕刻、镶嵌等工艺手法饰以西洋式花纹。

这种西式花纹，通常是一种形似牡丹的西番莲花纹。这种花纹线条流畅，变化多样，可以根据不同器型而随意伸展枝条，它的特点是以一朵或几朵花为中心向四外伸展，且大都上下左右对称。如果装饰在圆形器物上，其枝叶多作循环式，各面纹饰衔接巧妙，很难分辨它们的首尾。

广式家具除装饰西式纹样外，也有相当数量的传统纹饰，如各种形式的海水云龙、海水江崖、云纹、凤纹、夔纹、蝠、磬、缠枝或折枝花卉，以及各种花边装饰等。有的广式家具中西两种纹饰兼而有之，也有的广式家具乍一看都是中国传统花纹，但细看起来，或多或少总带有西式痕迹，这为我们鉴定广式家具提供了依据。当然，我们不能光凭这一点痕迹就下结论，还要从用材、做工、造型、纹饰等方面综合考虑。

广州还有一种以玻璃油画为装饰材料的家具，也以屏类家具最为常见。玻璃油画就是在玻璃上画的油彩画，明末清初时由欧洲传入我国，首先在广州兴起，曾形成专业生产，我国现存的玻璃油画，除直接从外国进口的外，大都由广州生产。它与一般绘画的画法不同，是用油彩直接在玻璃的背面作画，而画面却在正面，先画近景后画远景，用远景压近景，尤其画人物的五官时，要画得气韵生动。

传承发展的苏式家具

苏式家具是指以苏州为中心的长江下游一带地区所生产的家具。苏式家具形成较早，举世闻名的明式家具即以苏式家具为主，它以造型优美、线条流畅、用料和结构合理、比例尺寸合度等特点和朴素、大方的格调博得了世人的赞赏。但进入清代以后，随着社会风气的变化，苏式家具也开始向繁复的方向转变，这里主要讲清代的苏式家具。

苏式家具的用料，以紫檀描金扶手椅为例，此椅从外观看，颇为俊秀华丽，但从其用料方面看，是异常节俭的。它的四条直腿下端饰回纹马蹄，上部饰小牙头，这在广式家具中通常用一块整料做成，而此椅却不然，四条直腿的平面以外的所有装饰全部用小块碎料粘贴，包括回纹马蹄部所需的小块薄板。

椅面下的牙条也较窄且薄，座面边框也不宽，中间不用板心，而用藤心，节省了不少木料。上部靠背和扶手，采用拐子纹装饰，拐角处用格角榫拼接，这种纹饰用不着大料，甚至连拇指大的小木块都可以派到用场，足见用料之节俭。

苏式家具的大件器物多采用包镶手法，即用杂木为骨架，外面粘贴硬木薄板。这种包镶手法费工费力，技术要求也较高，好的包镶家具不经过仔细观察或用手掂，很难看出是包镶手法，因为这种手法，通常把拼缝处理在棱角处，使家具表面木质纹理保持完整，这样既节省了材料，又不破坏家具本身的整体效果。

此外，苏式家具都在里侧上漆，目的在于使穿带避免受潮，保持木料不变形，同时也有遮丑的作用。现今故宫博物院收藏的大批苏式家具中，十之八九都有这种现象，而且明清两代的苏式家具都是如此。

总之，苏式家具在用料方面和广式家具截然不同，苏式家具以俊秀著称，用料较广式家具要少得多，由于硬木材料来之不易，工匠往往惜木如金，在制作每一件家具之前，要对每一块木料进行反复观察、衡量，精打细算，尽可能把木质纹理整洁、美观的部位用在表面。

苏式家具的镶嵌和雕刻艺术主要表现在箱柜和屏联上。以普通箱柜为例，通常以硬木做成框架，当中起槽，镶一块松木或杉木板，然后按漆工工序做成素漆面，漆面阴干后，开始装饰图案。先在漆面上描出画稿，再按图案形式用刀挖槽，将事先按图做好的各种质地的嵌件镶进槽内，用胶粘牢，即为成品。苏式家具中的各种镶嵌也大多用小块材料堆嵌，整板大面积雕刻的成器不多。常见的镶嵌材料多为玉石、象牙、螺钿和各种颜色的彩石，也有相当数量的木雕。

苏式家具镶嵌手法的主要优点是可以充分利用材料，哪怕只有黄豆大小的玉石碎碴或螺钿沙屑，都不会废弃。

苏式家具的装饰题材多取自历代名人画稿和树石花鸟、山水风景以及各种神话传说，其次是传统纹饰，如海水云龙、海水江崖、二龙戏珠、龙凤呈祥等，局部装饰花纹多以缠枝莲和缠枝牡丹为主，西洋花纹极为少见。一般情况下，苏式的缠枝莲和广式的西番莲，已成为区别苏式家具和广式家具的一个重要特征。

形式各异的"凳"文化

在清代，苏式凳子基本承接明代形式；广式凳子外部装饰和形体变化较大；京式则矜持稳重，繁缛雕琢，并出现加铜饰件等装饰方法。

这些款式的凳子形体大体可分方、圆两形，方形里有长方形和正方形，圆形里又分梅花形、海棠形等，还有开光和不开光的，两形有带托泥和不带托泥之分。清代凳子的特点，还表现在加强了装饰力度，形式上变化多端，如罗锅枨加矮老、直枨加矮老做法、裹腿做法、劈料做法、十字枨做法等，腿部有直腿、屈腿、三弯腿，足部有内翻或外翻马蹄、虎头足、羊蹄足、回纹足等，面心有各式硬木、镶嵌彩石、影木、嵌大理石心等。

南北方对凳的称呼有异，北方称凳为杌凳，南方则称为圆凳、方凳。圆凳和墩常设在小面积房间里，而坐墩不仅在室内使用，也常在庭园室外设置。清代的圆凳、坐墩在继承明代做法的同时，在造型和装饰方面处处翻新，一般四面都有装饰，有黑漆描金彩绘、雕漆、填漆，以及各种木制、瓷制、珐琅制等，精美异常。凳面有圆形，也有变形圆形。

乾隆年间所制圆凳，有梅花式、海棠式、桃式、扇面式等。如梅花凳是一种颇有特色的凳子，其凳面呈梅花形，设有五脚，造型别致，做工考究。梅花凳式样较多，做法不一，其中以鼓腿彭牙设置托泥的最为复杂。海棠式五开光坐墩也是具有特色的坐具，此墩形体瘦高，是清代常用式样。

圆形墩，腹部大，上下小，称为"鼓墩"，是形体各异的坐具中很有特色的品种，一般在上下彭牙上做两道弦纹和鼓钉，保留着蒙皮革、钉帽钉的形式，墩身四面开光，墩身雕满云纹，雕工细腻，为清代精品。

瓜墩是一种呈甜瓜形的坐墩，并常在墩体下设四个外翻马蹄小足，还装上铜饰，更显示出古色盎然。此外还有铺锦披绣的"绣墩"。

套脚是套在家具足端的一种铜饰件，为清代凳子足部的一种装饰方法，铜足既可防止腿足受潮腐朽，避免开裂，又具有特殊装饰作用，如紫檀木方凳高47厘米，四足底部有铜套，铜足头高5.5厘米。铜足作筒状，有底，中塞圆木，凿方孔，凳足也凿方榫眼，用铜裁榫接合一体。

除了普通木材，还有用紫檀、花梨、红木、楠木等高级木材制造凳子的。座面有木制、大理石心等。边框有镶玉、镶珐琅、包镶文竹等装饰。用材和制作讲究而不拘一格，丰富多彩。一般带托泥束腰方凳，有高束腰，下接透雕牙条，三弯腿外翻足，足下有托泥，四角有小龟足，制作之精细是前代家具所无法比拟的，如清乾隆年间的紫檀木镶珐琅方凳，就是这时的精品。还有一种凳称为骨牌凳，是江南民间凳子中常见的一种款式，因其凳面长宽比例与"骨牌"类似而得名。此凳整体结构简练，质朴无华。

春凳是一种可供两人坐用、凳面较宽、无靠背的一种凳子，江南地区往往把二人凳称春凳，常在婚嫁时上置被褥，贴上喜花，作为抬进夫家的嫁妆家具。春凳可供婴儿睡觉及放衣物，故制作时常与床同高。明代家具中已有春凳，春凳的形制在清代宫中制作时有一定规矩，有黑光漆嵌螺钿春凳等精品，民间却无一定尺寸，为粗木制作，一般用本色或刷色罩油。

绣墩

绣墩是一种无靠背坐具。它的特点是面下不用腿足，而采用攒鼓的做法，形成两端小中间大的腰鼓形。因在两端各雕一道弦纹，又有象征固定鼓皮的帽钉，因此又名"花鼓墩"。绣墩除木制，还有蒲草编织、竹藤编织的，也有瓷质、雕漆、彩漆描金的。木制的多用较高级的木材做成，且以深色为多，通常所见为紫檀、红木所造。在造型上，除圆形，还有从圆形派生出来的瓜棱式、海棠式、梅花式等。绣墩的使用通常还要根据不同季节辅以不同的软垫和绣有精美花纹的坐套，两者合在一起，才是名副其实的绣墩。

清代座椅见功夫

清代座椅制作比前代更加精美，雕饰更加豪华，成为清代家具的典型代表。清代靠背椅在明代靠背椅的基础上有很大的发展，最有特色的是一统碑式靠背椅，后背宽而直，但搭脑两端不出头，像一座碑碣，故而得名"一统碑"椅，南方民间亦称"单靠"。

清代一统碑椅基本保持了明式式样，但在装饰方面逐渐繁复。清代一统碑椅的背板一般用浅雕纹饰，在整体出现了繁复雕刻和镶嵌装饰，这种椅子变化最大的是广式做法，一般用红木制作。还有一种苏式做法，即所谓"一统碑木梳靠背椅"，用红木或榉木制作。清代宫廷坐具中有黑漆描金彩画等装饰的，形体像一统碑椅，只是常省去前面踏脚枨、两侧枨下牙条和角牙，喜用红木、榉木、铁力木等木材纹清晰和坚硬的材料，一般不上色，即所谓"清水货"。

回纹是清代家具中最有代表性的装饰纹样，是一种方折角的回旋线条，即往复自中心向外环绕的构图，其表现形式有单个同一方向的旋转、两个向心形旋转、S形旋转等多种。常用在椅子背板、扶手、腿足部分，桌案的牙条、牙头等部分也最喜用回纹，以至于人们将带有回纹装饰的家具作为清代家具的代表，也就是说有回纹装饰的家具一般都为清代家具。

清代圈椅的足部纹饰喜用回纹装饰。清代圈椅雕饰程度大大增加，回纹细腻有序，常用来雕饰足部。椅背常用回纹浅雕，也有镂雕纹饰或蝙蝠倒挂形纹饰。清代圈椅和明代圈椅最大区别是基本不做束腰式，明代直腿多，清代有直腿也有三弯腿，常在直线腿部中间挖料，到回纹足上又挖去一小块，从而显得繁琐。

清代扶手椅比明代扶手椅有更大的发展，其中有一种外形硕大的扶手椅，俗称"宝座"。宝座是宫廷大殿上供皇帝、后妃等使用的椅子。宝座常用大块的材料制成，且常带有托泥和踏脚，技法上常使用透雕、浮雕相结合的方法，装饰常以蟠龙纹为主，辅以回纹、莲瓣纹饰，还施以云龙等繁复的雕刻纹样，再贴上真金箔，髹涂金漆，镶嵌真珠宝，座面铺黄色织锦软垫。整个座椅金碧辉煌、气派非凡、极度华贵，成为至高无上的皇权象征。宝座常在大殿中和屏风配套使用，如故宫太和殿的金漆雕龙宝座和紫檀雕莲花宝座。

另外，皇亲国戚、达官显贵日常生活用的椅子也比一般民间生活用椅要宽大得多，这种椅子称大椅。清代园林和大户人家厅堂上使用的扶手椅，江南俗称"独座"，是吸取了大椅和宝座的特点，由太师椅演变而来的，一般靠背还嵌有云石，是江南地区别具一格的座椅。

清代屏背椅中常见的有独屏式、三屏式、五屏式，形体较大的又称"太师椅"。清代太师椅椅背基本是三屏式。而五屏式扶手椅，椅背有三扇，扶手左右各一扇，扇里外有的雕饰花纹，有的嵌装瓷板，花纹有云纹、拐子纹、山水花草纹等，扶手椅整体气势雄伟。

玫瑰椅

清代座椅中有许多是由花来命名的，有所谓梅花凳、海棠凳等。玫瑰椅得名是否与玫瑰花有关不得而知，但这种座椅非常精致美丽。其椅型较小，造型别致，用材较轻巧，易搬动，后背与扶手高低相差不多，比一般椅子的后背低，在居室中陈设较灵活，靠窗台陈设使用时不致高出窗沿而阻挡视线，常见的式样是在靠背和扶手内部装券口牙子，与牙子端口相连的横枨下又安短柱或结子花。也有在靠背上透雕，别具一格，是明代和清代家具中常见的一种椅子式样。

古香古色的桌台架格

清代桌子以名称繁多为特点，有膳桌、供桌、油桌、千拼桌、账桌、八仙桌、炕桌等。清代桌子不但品种多，装饰美观，而且随着制作经验的丰富和工艺水平的提高，结构也更成熟。

有无束腰攒牙子方桌、束腰攒牙子方桌、一腿三牙罗锅枨方桌、垛边柿蒂纹麻将桌、绳纹连环套八仙桌、束腰回纹条桌、红漆四屉书桌等，桌子做工十分考究。特别是清代方形桌中的八仙桌，其品种多，装饰手法千姿百态，最常见的一种是桌面镶嵌大理石，一般都束腰，且四面有透雕牙板。

圆桌一般面为圆形，但它的变化也很多，有束腰式，五足、六足、八足不等。桌面制作很讲究，有用厚木板、影木的，也有用各种石料的。从形制看，有无束腰五环圆桌、高束腰组合圆桌、束腰带托泥圆桌、镶大理石雕花大圆桌等。最有特点的为圆柱式独腿圆桌，此类桌一般桌面下正中制成独腿圆柱式，圆柱式独腿桌上有6个花角牙支撑桌面，下有6个站牙抵住圆柱，并与下面踏脚相接，起支撑稳固作用。上、下节圆柱以圆孔和轴相套接，桌面可自由转动，造型优美，既稳重又灵巧。

清代还有一种圆面分为两半的桌子，称半圆桌，使用时可分可合。两个半圆桌合在一起时腿靠严实，是清代家具中常见的家具品种之一。

架格是家具中立架空间被分隔成若干格层的一种家具，主要供存放物品用。其中间设有背板和上有券口牙子的较为讲究。最为考究的是多宝架，这是一种类似书架式的木器，设不同样式的许多层小格，格内陈设各种古玩、器皿，又称博古架。清代由于达官显贵喜欢佩戴饰物、贮藏珍宝，所以就制造了多宝格这种架式贮藏家具。

百宝格兼有收藏、陈设的双重作用，与一般纯贮藏的箱、盒略有不同。之所以称为"百宝格"，是由于每一件珍宝，按其形制巨细都占有一"格"位置的缘故。多宝格形式繁多，各不类似。由于其制作精美，本身就是一件绝妙的工艺品，如故宫博物院收藏的紫檀多宝格。

有些依据书体规格制作的称之为书格或书架。清代支架中有一种放书的格架，如故宫博物院收藏的康熙年制一个黑漆嵌软螺钿加金银片山水花卉纹书架，高223厘米，横114厘米，纵57厘米，楠木胎，周身为黑退光漆，上面用软螺钿和金、银片托嵌成花纹图案，上刻"大清康熙癸丑年制"款，书格工精、图案优美，是一件难得的大件而又精美的工艺品。

皇宫的面盆架一般都镶嵌百宝等什锦。这种技法在明代开始流行，到清初达到高峰。所谓"百宝嵌"就是用珊瑚、玛瑙、琥珀、玳瑁、螺钿、象牙、犀角、玉石等做成嵌件，镶成绚丽华美的画面，使整个家具显得琳琅满目。面盆架一般为四足、六足不等，后两足与巾架相连，有的中间有花牌子，巾架搭脑两端出挑，多雕有云纹、凤首等，圆柱用两组"米"字形横枨结构分别连接，面盆就直接坐在上层"米"字形横枨上，是清式支架类家具中颇具特色的一种家具款式。如现藏故宫博物院的黄花梨木百宝嵌龙纹盆架，面盆架径约71厘米，前足高74.5厘米，通高201.5厘米，搭脑两端安装灰玉琢成的龙头，在黄花梨木上镶嵌百宝饰物，显得十分富丽豪华，是我国家具中珍贵的精品。

灯台是当时室内照明用具之一，当时室内照明用的蜡烛或油灯放置台，往往做成架子形式，功能与现代的落地台灯相似，既可不依桌案，又可随意移动，还具有陈设作用。清代固定式和升降式的灯台更加精美。升降式灯台是清代室内的照明用具之一。底座采用座屏形式，灯杆下端有横木构成丁字形，横木两端出榫，纳入底座主柱内侧的直槽中，横木和灯杆可以顺直槽上下滑动。灯杆从立柱顶部横杆中央的圆孔穿出，孔旁设木楔。当灯杆提到需用的高度时，按下木楔固定灯杆。杆头托平台，可承灯罩。升降式灯架在南方俗称"满堂红"，因民间喜庆吉日都用其作为厅堂照明而得名。

扩展阅读　宫中工匠的待遇

清代皇家造办处设立木匠始于康熙年间。工匠一般来源于广州和苏州两地,当地知名的工匠经过地方官员的筛选和保举,来到京城的造办处,经过试用合格后正式录用。

对当时的木匠来说,到京城给皇家做工,是一件很风光的事情。进京前,当地政府会支付一笔安置费,乾隆中期的安置费约在60两到100两白银不等。到了京城正式录用以后,皇家还要发放一笔安家费,约为60两白银,并且安排住处,工匠带不带家眷自便。入宫的木匠可以得到内务府的旗籍,待遇非同一般。

木匠在为皇室做工的时候,有丰厚的工银。在乾隆年间,宫中的木匠每月发放的银两分三等,分别是6两、8两和10两。按同期户部俸禄标准,这已经高于一个知县的俸禄。如果活儿做得好,按照惯例还可以获得皇家的奖赏。

赏赐的程序是：先由主管根据完成活儿的数量和质量，初拟赏物或赏银数量，然后呈送皇上批阅。御批的赏赐常常高于拟赏数量，以示皇恩。例如，乾隆元年（1736）的档案记载，七月二十日"花梨木雕云龙柜一对呈进，奉旨拟赏"。五日后，"拟得赏大缎二匹，貂皮四张"，后乾隆帝阅批"着赏大缎四匹，貂皮十张"，比拟赏高出一倍还多。

工匠在做工期间，皇室至少管一顿午饭。每年有回乡扫墓的假期，工钱照发，还报销路费，这种待遇在封建社会的各行业中是很少见的。乾隆皇帝曾多次提及，皇家的工程是"料给值、工给价"。即便是做的活儿不符合要求，最重的处罚也就是革退，"永不录用"，而对官府管理人员的处罚则更重一些。

正是这样，工匠可以毫无顾虑，充分发挥其手艺，全身心投入到家具的制作之中。但他们没有自由创作的机会，艺术创作必须按照一定的模式，要符合清代的宫廷风格。

第七章

妙笔生辉——流派纷呈的清代书画

清代的书画艺术，延续元明以来的趋势，文人书画日益占据画坛主流，山水画的创作以及水墨写意画最为盛行。在文人画思想的影响下，更多的画家把精力花在追求笔墨兴趣方面。此外，在董其昌"南北宗论"的影响下，清代书画流派之多、竞争之烈是前所未有的。

开创碑学之风：邓石如

清代书法突破了宋元明以来帖学的樊笼，开创了碑学，在篆书、隶书和北魏碑体书法方面，更是成就卓然，形成了雄浑渊懿的书风。尤其是碑学书法家借石开今的精神和表现性的书法创作，使得清代书坛十分活跃，流派纷呈，堪称中国书法史上的中兴时期。

碑学在书法艺术发展史上的最大功绩，一是带来篆、隶书体的复兴，二是确立了与帖学迥不相类的、以质朴之美和"金石味"为特征的审美类型。基于这两大原因，碑学又顺理成章地在书法艺术技法史上促进了形式表现手法的拓展和突破。

邓石如（1743—1805），清代书法家、篆刻家。原名琰，字石如，更字顽伯，号完白山人，又有完白、古浣子等别称，安徽怀宁人。少时好篆刻，其书法功力也极深，曹文埴称其四体书为清代第一。其篆刻世称"邓派"或"皖派"。晚清篆刻家吴熙载、赵之谦、吴昌硕等均受其影响。

邓石如家道贫寒，少年就工于篆刻。后通过友人介绍，陆续认识了南京梅镠等友人。邓石如遍观梅家收藏的金石善本，凡名碑名帖总要临摹百遍以上，为此起早贪黑，朝夕不辍，为其以后的篆刻艺术打下了扎实的书法基础。而后，他告别梅家，遍游名山大川，以书法、篆刻为生。

邓石如擅长四体书。他的篆书纵横捭阖，字体微方，接近秦汉瓦当和汉碑额，别具新意，为清代篆书开辟了一个新天地，堪称唐代李阳冰之后别具特色的篆书大家。他的隶书从汉碑中出来，大气磅礴，使清代隶书面目为之一新。而他的楷书取法六朝碑版，兼取欧阳询父子体势，笔法斩钉截铁，结字紧密。他的行草书主要吸收晋、唐草法，笔法迟涩而飘逸。总观其四体书法，篆书成就最大，楷、行、草次之。

时人对邓石如的书艺评价极高，称之"四体书皆国朝第一"。而他的确以其出色的艺术实践取得了卓越的成就，有力地证明了碑学理论的正确性，推动了碑学的发展，开一代碑学之风。

清初画坛"四王"

清初画坛的画家们以笔法恣肆、立意新奇、个人特色鲜明著称，由于他们别开生面的艺术创作，清代画坛一开始就呈现出一股生气。以山水画称雄大江南北的有王时敏、王鉴、王翚、王原祁，还有吴历、恽寿平，他们并称为"四王吴恽"，也被称为"清六家"，代表着当时画坛的主流。

"四王"是对成名于清初的画家王时敏、王鉴、王翚和王原祁四人的合称。"四王"之间，有着师友或亲属关系，且画风相近，故被人列为一派。

"四王"之中，王时敏与王鉴均入仕过明朝，清初时他们已进入中年，不再入仕而专以艺文书画行世，他们是继承明代画风、影响清初画坛的著名画家，是"四王"画风的开创者。

王时敏（1592—1680）是"四王"之首，字逊之，号烟客、西庐老人，江苏太仓人。他的祖父王锡爵在明万历年间为首辅大臣，家中富于收藏。王时敏从小学画，潜心研习宋元名迹，曾为董其昌、陈继儒所赏识。崇祯初年，王时敏以荫仕至太常寺奉常，成了"位列禁廷侍从"的官员，因而又称"王奉常"。明末，王时敏曾在太仓迎清兵入城，故深为清朝优遇。

不过，王时敏入清后却退隐林下，既不受南明政权征召，也不仕清廷，唯专注于艺文之事。除绘画之外，王时敏工书，能诗文，有《西田集》《西庐画跋》行世。王时敏明确主张画不在形似，而在笔墨之妙。在具体的创作中，他特别突出了"虚而沉""嫩而苍"的笔墨特色。下笔松灵秀逸，笔道柔润，很少焦墨皴擦，淡墨烘染多与轮廓浑融相接，没有板、硬、滞、滑等弊病，又能得宋元山水画中浑厚朴茂之气象。他那种既苍劲又清润的韵致，影响了一大批画家。其孙王原祁，固然得传衣钵真谛，而王翚、吴历也出自他的门下。因此，论"四王"的影响，当首推王时敏。

从现存作品看，王时敏更多继承了元四家的笔墨，尤得益于黄公望。据传，他早年曾把古代名迹仿摹缩小，计24幅，装裱为一册，随身携带，便于观摩揣度，可见他的良苦用心。王时敏享年89岁，而他各个时期的作品都有着不同特点。王时敏早年之作多有临摹宋元古画的痕迹，中期则出现了较为工细清秀的特征，是追从董其昌并效法黄公望所致。晚年则用笔含蓄，勾线空灵，皴擦则繁简浓淡相间，体现出一种既苍润又松秀的天然神韵。

王时敏作为一位画家，更多地选择了与绘画规律关系更大的"笔墨语汇"作为追求目标。他的身份、学养也使他具备追求绘画语汇的能力，他将这种能力运用到对历史上经典绘画语汇的总结与应用上。在当时的条件下，这是一种对绘画发展必不可少的创造，王时敏的重要贡献正在于此，"四王"的基本追求亦莫过于此。这一点，在王鉴的创作道路上体现得更充分。

王鉴（1598—1677），字玄照，后改字元照、圆照，号湘碧、染香庵主等，江苏太仓人。他是著名文士王世贞的曾孙，与王时敏为子侄关系，年岁相仿，常一同切磋画艺，因而二人画风颇多相近之处。王鉴本为明崇祯年间举人，官廉州（今广西合浦）知府，因开罪上司，明亡前已罢官归里，入清后不仕，专注于山水画创作。63岁时，他在曾祖父王世贞的弇山园北盖了两间居室定居，王时敏为之题"染香"二字，王鉴于是自署"染香庵主"，以绘事终老。在"四王"当中，王鉴尤以仿古临古见长。他长于青绿设色，擅作烘染，自有一种清润的特色。

在艺术创作观念上，王鉴与王时敏最为接近的地方是，对前人笔墨范式的关心更胜于真实的自然山水。晚年的王鉴，诵经念佛，焚香作画，直到年事已高,仍临古不辍。因此,其画风更显工致秀润,条理清晰,精整妍雅,体现出他着力仿效宋元诸家、并蓄兼纳的特点,也显示了其涵养功力均能胜人一筹的造诣。

王原祁与王翚是"四王"中的年龄较轻者,他们继承了王时敏与王鉴的风格,成就了"四王"在清初画坛的正统地位。

王原祁是王时敏孙子,在画风上与王时敏一致,以追随黄公望为主,不过王原祁在笔墨方面有更进一步的总结和创造。王翚继承了王鉴博采宋元诸家的创作道路,成为中国山水画自宋元以来笔墨发展的真正集大成者。

"四王"之中,年纪最小的是王原祁,当时名声最著、职位最高的也是他,他对"四王"画风能成为画坛正统起着决定性作用。

王原祁(1642—1715),字茂京,号麓台、石师道人,江苏太仓人。他是王时敏之孙,康熙九年(1670)进士。入仕后供奉内廷,曾为宫廷作画和鉴别古画,奉旨与孙岳颁、宋骏业等人编纂《佩文斋书画谱》,任总纂辑官,又任《万寿盛典图》总裁、户部侍郎,故又称"王司农"。

王原祁克承家学,擅画山水,取法"元四家",喜用干笔积墨画法,尤专注于黄公望,且特别喜爱浅绛一路画法。经数年苦学,其技艺在60岁后已达到炉火纯青的境界。其所作用笔沉着,层层皴擦,干笔重墨,自具特色,他自己称笔端有"金刚杵"。在具体创作当中,王原祁常采用长达十天半月的制作方法,先笔后墨,连皴带染,由淡及浓,自疏入密,中间还反复用小熨斗熨干,一次又一次勾勒点染,层层叠叠,最后以焦墨破醒,达到画面浑厚融合的效果。总而言之,王原祁的笔墨在集前人大成的基础上,更达到了一种极致,他的作品堪称文人山水画的高峰。

王原祁位高权重，声名显赫，今天画史所记王原祁弟子及属其传派者，有110余人之多。他所创立的"娄东派"与王翚所创"虞山派"，同为"四王"之后最有势力的画派，在野、在朝画家，都受到这两派画风的影响。其后出现的"小四王""后四王""画中十哲"等，所延续的仍为"四王"流风余韵。

概括说来，"四王"笔墨形式、语汇造诣各有所成。王时敏老成持重；王鉴临古功力颇深且路数较宽，他的运笔沉着，用墨浓润，自成面貌，而于青绿重色一格，则更是独有心得；王翚技法最为多变，功夫最为纯熟，造诣最为突出，能融化南北两宗笔墨丘壑于一炉，气韵生动；王原祁喜用干笔重墨，善于删拨大要，从繁中取简，又善于积淡为浓，求得融浑效果。

花鸟名家　恽寿平

恽寿平（1633—1690），原名格，字寿平，后以字行，改字正叔，号南田、云溪外史、东园客、草衣生、白云外史等。江苏武进（今江苏常州）人。恽姓在当地为望族，恽寿平祖上多在明朝为官，父亲恽日初曾携寿平参加南明的抗清斗争，在战乱中失散，寿平被俘，被清军闽浙总督陈锦收为养子。一日，偶与在杭州灵隐寺隐居的父亲相遇，该寺住持具德和尚设法使寿平脱身，父子终得团圆。据传，清初戏剧家、王时敏第五子王抃曾以恽寿平的坎坷经历为素材，编为《鹫峰缘》传奇。

恽寿平一生不应科举，以遗民自居，家贫以卖画为生。由于其所作技艺高超，自成一格，大江南北极为推崇，时人推为"写生正派"，为清初极具影响的花鸟画大家之一。

恽寿平在花鸟画上取得独创性的成就，以彩墨交融、点染并施、笔墨一体的"没骨法"光耀后世。这是自元代所重视的"写法"在花鸟画中全面发展的结果。

恽寿平所画花鸟，清新淡雅，形神兼备，一望而知有新的风貌。首先，恽寿平重视对物写生，力求形似。另一方面，对于艺术创作和鉴赏，他也有自己鲜明的见解，既重视工、似、佳的不同追求，又重视"情"在创作中的重要作用。

在花卉的表现中，恽寿平创造了独特的技法。他巧妙地运用水与色相互作用的关系，恰到好处地在色中施水，这种色染水晕的技法进一步丰富了"没骨法"的表现力。他画花卉，渲晕点染颇富机趣。点花时往往粉笔带脂，点后复以染笔覆之，前人未传此点染同用之法，是其独创。他所画的菊花、凤仙、山茶诸花，颜色皆从瓣头染入，亦与世人画法迥异。其枝叶虽多用写意之法，亦多以浅色作底，以深色分染主筋。而其用粉之法也颇具特点，粉色从瓣尖染入，若一次未尽腴泽匀和，则再次补足，然后以脂色自瓣根染出，色与粉交融会合又相互衬托，故花头圆绽而不扁薄。恽寿平以他这种独特的技法，推出了独创的没骨花卉画，明丽秀润，清新淡雅，开创了一代新风。

有人曾就恽寿平传世作品统计了他曾画过的花卉题材作品，发现其品类超过百余种，这在花鸟画家当中是罕见的。题材的广泛反映出其技法多方面的适应性，也应当是技法成熟的标志之一。更进一步，从艺术思潮变迁的角度而言，恽寿平的最大贡献在于，以其秀雅之笔改变了院体花鸟画中普遍存在的拘谨、刻板、纤巧，以及过分绮艳的脂粉之态。

艺术的创造并不拘泥于法式的突破与发展，更重要的应是对品格的追求与对风格的创造。在山水画走向成熟而初现程式化局限之时，花鸟画的发展离不开对新法式的创造与探索，恽寿平对"没骨法"的再创造与完善，正是这个时期花鸟画发展的关键之一。因此，他在法式上的成就更引人注目，从其学者甚众。

笔墨创新之典范：石涛

清初"四僧"是指石涛、朱耷、弘仁与髡残。他们都有遁入空门的经历，潜心艺事并取得了卓越的成就，成为清初画坛上较特殊的一群人物。画史多将"四王"与"四僧"并称，分别代表正统的"集成"规矩画风与叛逆的"求变"创新画风,成为后世的艺术楷模。

在"四僧"中,石涛与朱耷的成就与影响较大,他们都是明朝宗室,各自有着传奇的人生经历与不同的人生追求,加之不同的禀赋与气质,形成了鲜明的艺术风格。总体来看,石涛较丰富、全面,善经营能趋古,更生动而近俗,因而对后世影响较大,其理论著述开了一代新风。朱耷则较深刻、孤峭,语汇精练独特,奇古而深邃,成为后世笔墨创新之典范,受到高人雅士的格外推崇,其简约的笔墨也成为不少民间美术取法的对象。

石涛(1641—约1718),原姓朱,名若极,小字阿长,广西桂林人。明靖江王朱守谦本为明太祖朱元璋的侄孙,藩邸在桂林,守谦子朱赞仪袭封靖江王。石涛是朱赞仪的十世孙,其父在南明内讧中被杀。石涛尚幼,由内官救往全州。

石涛年纪尚小,遭此变故,为避难求生出家为僧,法名原济,又作元济,号石涛,又号苦瓜和尚、大涤子、清湘陈人、瞎尊者等。他出家做了和尚,便潜心求道。明清之际,江浙一带多名刹高僧,因此他和师兄由全州出发云游各地。他们出潇湘,越洞庭,到达江西的庐山,并在开先寺小住了一段时间。其后又往江浙访道交友,与明末东林党巨子钱谦益结识。一段云游经历之后,他们在安徽敬亭山住下,并和梅清结为知己好友。石涛在宣城隐遁山野的日子,生活虽然清苦,但有许多诗画挚友相互切磋,这对滋养他的艺术有很重要的意义。"搜尽奇峰打草稿"的艺术观,便在他这一段云游的经历中奠定基础,这直接影响了他的艺术道路。

康熙十九年(1680),石涛已届中年,由宣城移居南京。他在城南的长干寺一枝阁里一住就是八九年。

石涛曾两次拜见康熙帝,并北上京师,广交达官显宦,作画赋诗,寻找出人头地的机会，且与王原祁成为好友，不时合作。晚年居扬州卖画授徒，生活颇为舒适。他建大涤堂，家中经常高朋满座。现存的扬州何园中，尚存有石涛叠石造园之遗迹。在这种平静闲适的生活中，石涛终老于扬州。他于绘画上，兼长山水、兰竹、花果、人物，尤以山水成就突出。其恣肆纵放的笔墨和苍莽清奇的境界，对扬州画派及以后中国画的发展，都产生了不可低估的影响。

但是，作为一个画家，石涛在世俗名利的羁绊之中，他是抑郁和痛苦的。他的艺术，既有他那聪慧禀赋与深厚功力的影子，也有他那多变人生与无奈选择的内心逃逸。

石涛在早期创作活动中能强调以自然为本，以造化为师，且反复身体力行，这带来一股新风，同时也形成了一种不够成熟的法式。因而，石涛以"草稿"二字突出了他创作的特点，以"搜尽奇峰"强调了他的创作过程。他知道这类作品的不足与它们不可替代的长处，他亦深知自己艺术风格与个性的形成不可分割。因此，他不但乐于此道且以此自诩。这一主张以及他这一段时期的绘画实践，为他后来的艺术道路与成就确立了独特而生动的基调。

后来，石涛寓居南京乃至北抵京都与书画名家、达官显宦交游，这一段舒坦豁达、识见宽广的经历，显然使他的素养更为丰厚，艺术更趋成熟。石涛晚年定居扬州，收徒著述，他的山水画创作进入了第三个时期。日渐安定的生活与日渐繁荣的社会，加上步入暮年对人生的认识，使他的作品有一种理性的成熟与入世的法度，这对石涛的艺术来说是一种必不可少的梳理、回顾和总结。深邃的认识与世俗的需求在他的作品中化成了一种新的法式与雅俗共赏的情趣。

作为一代大家，石涛复杂的精神世界、强烈的创造精神、深厚的笔墨功力，以及对山水性情的观察领悟，都一一形诸笔端。他将这些认识著成《画语录》一书，将中国画的理论推向了一个新的高度。

石涛一首自况诗中写道："今生老秃原非我，前世衰阳却是身。大涤草堂聊尔尔，苦瓜和尚泪津津。"他的期冀，在冷酷的现实面前碰得粉碎。一生心事，满腹苦痛，内心矛盾，世事蹉跎，尽在图画之中。

石涛作品的市场行情

"四僧"中，朱耷、弘仁、髡残的存世作品数量较少，石涛的较多。这里我们主要介绍石涛作品的市场行情。

石涛的绘画作品在当时影响并不大，但是对后世绘画的影响是深远的。清代中期的"扬州八怪"、清代晚期的"上海画派"以及现代的齐白石、张大千、潘天寿、李苦禅等巨匠，都是受到石涛的熏陶。石涛的绘画不易模仿，海外市场很少能看到他的作品，在美术史上占有极为重要的地位，一般收藏他作品的不管是博物馆还是私人机构，都不会轻易出售。现在见到的出售作品只有很少几件，2016年11月11日在东正秋季拍卖会，其中石涛的《溪山策杖》拍价1800万元；2018年12月5日北京匡时秋季拍卖会上，石涛的《程京萼对题八开山水册》拍价3500万元；2019年4月4日在扬州书画三百年特展上，石涛的《杜甫诗意册》拍价过亿元。

画坛群雄"扬州八怪"

"扬州八怪"是对清代中期一批著名画家的总称。在以往各家论说中，人名略有出入。按较有代表性的六种说法统计，人数计有15人之多。但论述清代中期扬州画家，当推华岩影响较大。

1. 华岩

华岩（1682—1756），字秋岳、德嵩，号新罗山人，又号白沙道人、东园生、布衣生、离垢居士等，福建上杭人，少年时曾为造纸作坊徒工。酷爱绘画，据传他年少时在白沙村华氏宗祠厅壁曾作画四大幅，深为乡人赞许。青年时离开家乡到景德镇瓷器作坊当窑瓷画工，后辗转往江苏、杭州一带，长期寓居扬州，以卖画为生，晚年移居杭州至辞世。

华岩才艺过人，山水、人物、花鸟、草虫、走兽无所不精，所画花鸟最负盛名。华岩的花鸟画能取陈淳、周之冕及恽寿平诸家之长，形成兼工带写的小写意手法，以机趣天然见长。他重视写生，构图别致，敷色鲜嫩不腻,枯笔干墨淡彩兼施,格调松秀明丽,诗趣撩人遐想,因而能在花鸟画上创新风气。

扬州画家受华岩影响者为数不少,直接师承华嵒的,如女弟子汪琁、寓居扬州的张四敏、徐冈、徐泽、沈焯等人,均有名于时。

2. 金农

金农(1687—1763),字寿门,又字司农,号冬心先生、稽留山民、曲江外史、昔耶居士等,浙江仁和(今杭州)人,久居扬州。50岁科举不中就再无心功名,遂寄情于画。晚年寓居扬州,生活困窘潦倒,抄佛经、贩古玩、刻砚铭、写灯笼、绘画片各种活计都做过,还请袁枚推销他所画的灯片。至晚年更生出世之想,寄居扬州三祝庵和西方寺,写经之暇,画佛为事。

他初到扬州,先以诗名震于一时。书法工隶、楷,以朴厚见长,更自创一格,称为"漆书",具有奇古茂密的意味。在绘画上,他没有囿于题材、样式、技法的羁绊,山水、人物、佛像、鞍马、花卉、蔬果无一不通,而且每落笔便不同凡俗,造型奇特,构景别致,面目多变。所画梅花尤为功力深厚,淡墨枯笔,繁花密枝,尤见胆识气节。

在传世的金农作品中,有一些是他的弟子罗聘、项均代笔,金农对此并不隐讳。

3. 罗聘

罗聘(1733—1799),字遯夫,号两峰,又号花之寺僧、衣云和尚等。24岁时随金农学画,为扬州八怪中最年轻者。他与金农一

158

样，一生布衣，性喜游历，酷好金石。在绘画上，人物、山水、花果、梅竹，无不臻妙，深得金农精髓。能承继师法又自成风格，常为其师代笔，金农称赞罗聘笔"无毫末之舛"。罗聘的绘画技艺很全面，而且作品题材广泛，尤擅画梅，有论者认为他"生平所得力，全在梅花枝"。画梅所体现出来的笔力和纵横放逸，已成为罗聘的艺术特色之一。其妻方婉仪，其子允绍、允缵均擅画梅，被称为"罗家梅派"。

罗聘所作的《鬼趣图》，堪称别开生面。他穷形尽相，画出各种诡状殊态的鬼魅，醒世警俗，极具讽刺意味。当时就轰动文坛，名流如蒋心余、翁方纲、姚鼐、钱大昕、蒋士铨、袁枚等争相题咏者多达百人。罗聘独特的笔法，开启中国近现代漫画之先声。

4. 郑板桥

扬州八怪中最具盛名与影响力的代表人物当推郑板桥。郑板桥（1693—1766），名燮，字克柔，号板桥，祖籍苏州，明洪武年间先人迁居兴化，遂为江苏兴化人。他三岁失母，由乳母费氏抚育，自幼天资奇纵，颖悟过人，又勤读诗书。应试科举，为康熙秀才、雍正举人、乾隆进士。50岁时任山东范县知县，数年后又调任潍县知县。时值连年灾荒，以致"人相食"，他多方设法赈济而得罪豪绅，遭诬告而被罢官，60岁以后在扬州卖画为生。享年73岁。

在潍县为官七年，郑板桥廉明清正，后当地民众在潍县海岛寺为他建立生祠。他在送给山东巡抚的《风竹图》上题诗云："衙斋卧听萧萧竹，疑是民间疾苦声。些小吾曹州县吏，一枝一叶总关情。"郑板桥离官时，据传只有三头毛驴,除了他和仆人坐骑各一头,另一头驮着书籍和阮琴,正所谓"三绝诗书画,一官归去来"。在扬州八怪当中,郑板桥是百姓最乐于称道的一家。

同时,在扬州画坛诸家中,他又可说是思想活跃、作品风貌鲜明突出的人物之一,诗书画均能在历史上占有一席之地。他的诗,创意新奇,明白晓畅,其作品《潍县竹枝词四十首》在清代文学史上占有一席之地。对他的词,论者评价很高,认为"词犹胜于诗,吊古抚怀,激昂慷慨,与集中家书数篇,皆不可磨灭文字"。在书法上,他折中行楷与隶书,非古非今,纵横错落,瘦硬奇峭,自成体貌,人称"板桥体",他则自称"六分半书"。

在绘画上,郑板桥也有着鲜明独特的个人风格。他最喜欢画兰、竹、石,偶尔也作松、梅、菊花等。题材虽少,画风却能于单纯中见丰富,有一种沁人心脾的艺术感染力。在笔法上,他以草书中竖长撇法画兰写竹,笔力劲峭,体貌疏朗,做到多不乱、少不疏,历来被人推为以书入画的典范。

5. 李鱓

李鱓(1686—1762),字宗扬,号复堂,别号懊道人、墨磨人、木头老子、衣白山人等,江苏兴化人。他在仕途上,一波三折,经历崎岖,人生理想大受打击,无奈之下走上"穷途卖画"的道路。

从风格上说,他的作品下笔劲健,随意挥洒,纵横驰骋,不拘绳墨而多得天趣,最能体现他"水墨融成奇趣"的个人特色。

6. 李方膺

李方膺（1695—1755），字虬仲，号晴江，别号秋池、抑园等，江苏南通人。官场生涯沉浮起落，使他深感世态炎凉。后来他往来于南京、扬州，以卖画为生。他擅人物、山水，尤长于花卉虫鱼，晚年最喜画梅。

7. 其他

在被列为扬州八怪的众多画家中，成就较突出的还有：

汪士慎（1686—约1762），字近人，号巢林、左盲生等，原籍安徽休宁。他常居扬州卖画为生，尤爱梅花，所画梅花多有清健隽永之笔，有"铁骨冰心"之称。

高翔（1688—1753），字凤岗，号西唐，又作犀堂、樨堂，江苏甘泉（今扬州）人，早年曾随程邃学画山水。终其一生，以卖画为业。

黄慎（1687—1772），字恭寿、恭懋、菊壮，号瘿瓢子、东海布衣等，福建宁化人，寓居扬州。早年家贫，放弃举子业而习画谋生，与郑板桥为莫逆之交。黄慎最为人所称道的是人物画，所作多取神仙故事及士大夫生活题材，也画纤夫、渔民、樵子、乞丐，有作品《群丐图》。他的人物画笔法奔放，善于捕捉人物神态，技法特征鲜明。但其衣纹描法用笔过繁，形同绞索，失之累赘，画格不古。

高凤翰（1683—1748或1749），字西园，号南村，晚号南阜老人，山东胶州（今胶州市）人。曾任安徽歙县县丞、绩溪县令。在任泰州巡盐分司时被诬入狱，后无罪释放，但右手已废，改以左手作书画，客居扬州卖画谋生。画法偏于工细，晚年趋放纵恣肆，气韵苍劲老辣。

边寿民（1684—1752），初名维祺，字颐公，号渐僧、苇间居士等，江苏山阳（今淮安）人。少以文名，工诗词，能书善画，尤以泼墨芦雁驰名于江淮间。

程邃与制印

程邃（1607—1692），字穆倩，号垢区、垢道人、青溪、野全道者、江东布衣，安徽歙县人，生活在扬州。

他生活在明末清初的动荡年代，平生嫉恶如仇，爱交仁义之士，有气节。早年从黄道周、杨廷麟游，不肯应贤良诏；在任杨廷麟幕僚时，因议论朝政，被流寓白门（今南京）十余年。明亡后，寓居扬州，以书画篆刻自娱。他博学多能，作为一位闻名遐迩的篆刻家，又能诗工画。其绘画纯用枯笔渴墨，干皴中满含苍润，简单中富含重重变化，在画界自成一格，是清初画坛宗师；作诗幽涩精奥，其诗稿《萧然吟》曾遭禁毁。

程邃篆刻参合钟鼎古文，出以离奇错落的手法，创凝重古拙之风格，成为明末清初篆刻艺术领域的一面旗帜，奠定了皖派的基础。他首创的朱文仿秦小印，以钟鼎款识大小篆合一，并得秦汉印章法，使篆体结构达到疏密有致、离合有伦的境界。

程邃是歙县（今属安徽）人，与巴慰祖、胡唐、汪肇龙合称"歙四家"。他的创作态度极为严肃，每作一印必求精到，稍不如意，则磨去重作。如"程邃之印"，以冲刀代笔，运刀取法汪关，凝重过之，充分表达笔意；印文大小一致，疏密均衡自然，方中寓圆，不露圭角，气势雄浑开阔。"穆倩"朱文印，以钟鼎款识之大篆参合小篆入印，章法严谨，笔意奇古，既古朴凝重，又清新自然。

黄牧甫与黟山派

黄士陵（1849—1908），字牧甫，一作穆甫，晚号倦叟、黟山人，倦游窠主，安徽黟县人。精通文字学，擅长书画，后人辑有《黄牧甫印存》传世。

黄士陵从小就喜好篆刻，八九岁即操刀治印。14岁时，由于战乱，家园被毁，父母相继去世，他只好到南昌谋生。在南昌，曾以照相为业，二十八九岁刊刻了《心经印谱》后，其篆刻艺术为世人所知。33岁时，他从南昌移居到广州，结识了将军长善及其儿子志锐等社会名流。在他们的推荐下，36岁时到北京国子监进修，这既是他生活又是他篆刻艺术发生变化的重大转折点。在此之前，他的篆刻作品多取法邓石如、陈曼生、吴让之等人，虽然形神兼备，但还没有自己的风格。到北京前后，由于名流的褒扬，不仅卖印收入较丰，社会地位也有所提高，他开始追求篆刻创作的个人风格，作品面貌逐渐发生了变化。尤其是在国子监期间，他参加重摹宋本《石鼓文》的工作，致力于金石学的研究，在吴大澂、王懿荣等名家的指点下，开始了印外求印的探索。无论钟鼎、古陶、诏版、权量、钱币、镜铭、砖瓦还是秦汉魏晋的碑刻，连前人不敢问津的隶书都大胆地引入印章的创作，表现了他不满足于摹拟的求变创新精神。四十岁以后，黄牧甫终于形成了自己"于平正中见流动，于挺劲中寓秀雅，既无板滞之嫌，亦无妄怪之失"的篆刻风格，开创了黟山派，成为开宗立派的一代篆刻宗师。

黄士陵篆刻以平易正直、光洁挺拔为主要特征。他的作品，无论是朱文印还是白文印，都没有故意制造的残损和毛糙。他在"师实长年"的边款中说："此牧甫数十石中不得一之作也，平易正直，绝无非常可喜之习，愿茗柯珍护之。"由此可见他对篆刻创作的追求。黄士陵的过人之处在于平中见奇，以光洁的面貌追求古意。他的篆刻作品"平易正直，绝无非常可喜之习"，初看很少有拍案叫绝之作，但作品平实质朴的气息，耐人寻味。

这些特点主要表现在印文的篆写、印章的布局两个方面。

黄士陵在印文的篆写上力求简洁明快。印文的线条不作盘曲，而是直来直去；印文有繁简不同的结构时，则多取简体，并且大胆地将隶书、楷书的结构加以改造，运用在印章之中。如"晋敦馆""玉堂宝书"中的

"晋""宝""书"等字，都取简体；"澂绮园藏碑记""光绪二十一年进士""延年益寿"中的"碑""光""延""年"等字，虽然非篆、非隶、非楷，但都质朴大方，十分简洁。在布局上，黄士陵更是倾注了满腔心血，印稿常常数易甚至数十易其纸，极尽疏密、方圆、欹正之变化，以求平中见奇之妙境。如"苏园所藏""施庵诗草"，前者左疏右密，后者四周密、中间疏，上下左右又有疏密呼应；"也"部和"今"部的圆笔与"草"字的上下错落更使全印妙趣横生。他创作了不少字数繁多的鉴藏印，"多字印排列不易，停匀便嫌板滞，疏密则见安闲"。从"南海康氏万木草堂书藏所藏"可见其多字印布局的高妙，十二个字分三行排列，极易平直呆板，而他以"木""草"调剂，犹如画龙点睛，激活了全印。

  黄士陵一生主要活动于广州、南昌、武汉一带，对这些地区尤其是岭南的篆刻有较大的影响，形成了黟山派，近代著名的篆刻家乔大壮、李尹桑、冯康侯、邓尔雅等人，都是黟山派中的佼佼者。

"浙派"篆刻

  清初以来，篆刻艺术的发展承明代之绪，呈现出欣欣向荣的景象，地域的扩展、人员的增加、流派的繁衍诸方面都胜过前代。

丁敬（1695—1765），字敬身，号砚林、钝丁、龙泓山人等，浙江钱塘县（今杭州）人，浙派篆刻开山鼻祖。《乾隆杭州府志》载："敬身少不习举子业，年甫冠始折节读书。为诗造语奇崛，好金石文字，穷岩绝壁手自摹榻，证以志传，著《武林金石志》。分隶皆入古，而于篆尤笃。善摹印，然非性命之契不能得一字。"

丁敬作品的特点在于他能用刀法表现出金石的韵味。其刀法源自何震、朱简等人，尤其是朱简的"碎刀"对他的影响很大。这种刀法在运用中又称为短刀碎切，每一根线条往往由往复几次的短印动作延续合成，其相对于冲刀刻印而言，虽不快，但重在强化刀刻的意味，魏锡曾形象地将他的刀法比喻为"行刀细如掐"。掐即用指甲按，可见其用刀之细碎，故其面目虽多，而统一于沉稳生涩之刀法下，笔道每露珪角，锋棱毕现，章法平实稳妥，重稳轻奇，李祖望所谓"若字体结构必方"，一语道出其特征之所在，体现出古劲茂美的金石韵味和大家风范。

董洵有云："参以雪渔、修能用刀，自成一家，其一种士气，人不能及。"汪启淑称其："直追秦汉，于主臣（何震）、啸民（苏宣）外，另树一帜……印灯续焰，实有功也。"

丁敬在杭州所开创的古劲茂美的印风，一扫清初以来之妍巧之习，首先在杭州得到了回应，后慢慢传播开来，成为中国印坛延绵发展达几个世纪的一大流派，其在清代影响主要在浙江，又集中于杭州。

丁敬的入室弟子，见诸记载的有两位，一是张燕昌，一是黄易。张燕昌（1738—1814），字文鱼，号芑堂，浙江海盐人。乾隆四十二年（1777）优贡，嘉庆元年（1796）举孝廉方正。据称，其"少年曾受业于丁敬身先生，初及门时，囊负南瓜二枚为贽……浙中至今传为美谈"。海盐相距杭州数百里，可见张燕昌对丁敬之推崇和真诚。丁敬去世的时候，张燕昌才27岁，与书中所称张氏少年受业丁敬一事相符，篆刻得丁敬亲授，为得意弟子。意趣亦同乃师，多方取法，不主一式，又以飞白书入印，心仪别出，所作萧疏宕逸，高古有致，有《金石契》《芑堂印存》等传世。

黄易（1744—1802），字大易，号小松、秋盦，浙江仁和（今杭州）人。其父黄树谷工诗，黄易生而颖悟，又禀庭训，诗出家学。篆刻为丁敬的及门弟子，黄易虽比张燕昌小几岁，但他就在丁敬身侧，有更多的机会向老师求教，黄易专精于师法，浙派到他手中得以定型，以至有"丁黄"并称。黄易也曾致力于搜访摹拓古金石文字，消化吸收后，其作品淳朴渊雅，俊逸松秀，以隶体刻印款，一丝不苟，气韵生动，可以微缩的汉碑视之。其对刻印有"小心落墨，大胆奏刀"之心得，深得篆刻之精髓。又主张"印章与书画亦当相称"。后人将其作品编入《丁黄印谱》《西泠四家印谱》等。

而与张、黄两人同辈的摹印人有董洵、蒋仁、奚冈等。

董洵（1740—约1812），字企泉，号小池，又号念巢，浙江山阴（今绍兴）人。他在艺术上有多方面的成就，诗书画印皆擅。年幼在乡塾时即摹习治印，摹印上师秦汉，旁通唐宋及明文、何、程、苏诸家，莫不精妙。董洵虽多方取法，但对他影响最深的是享有大名的丁敬，这种影响或出自他对丁敬印风的心仪，或出自汪启淑、罗聘、丁传（丁敬之子）。丁传在董洵《多野斋印说》的跋语中称其："于近代独喜临先君子篆刻，虽千里外，必邮致之，一规仿焉。每刻一印成，诧语人曰：'此真龙泓先生的派。'其雅尚如此。"可见，董洵属浙派的早期印人，作品得丁敬之真趣，所著有《董氏印式》《多野斋印说》等。

蒋仁（1743—1795），原名泰，字阶平，号山堂、吉罗居士、女床山民等，浙江仁和（今杭州）人。蒋仁小丁敬约50岁，虽未拜丁敬为师，但他离丁敬很近，有机会读到丁敬的作品，且又与丁敬的弟子黄易等交好，可以互相切磋，共同弘扬丁敬的印艺。蒋仁刻印沉着，神韵皆妙，对丁敬所开印风有补充完善之功，其印款喜刻长跋，颇见功力，有《吉罗居士印谱》等。

奚冈（1746—1803），原名钢，字纯章、铁生，号蒙泉外史等，寓浙江杭州。奚冈与丁敬弟子黄易等为至交，他像丁敬一样，不主一体一式，尝用《李翕》《张迁》诸碑意参刻汉印，求"笔往而圆，神存而方"的意趣。又从丁敬作品获取灵感，尝谓："山舟尊伯藏先生印甚多，一日出以见示，不觉为之神耸，因喜而仿此。"其印风格疏逸隽雅，中和拙质，有《蒙泉外史印谱》等。

浙派从创立到发展、壮大，正值康乾盛世，这个时期社会稳定、经济繁荣，是艺术流派得以延绵发展的千载难逢的时机，故浙派经张燕昌、黄易、董洵、蒋仁、奚冈对丁敬印风的直接和间接的继承发展，形成了一个强大的艺术流派，他们又各自将接力棒传给了下一代。下一代以陈豫钟、陈鸿寿、赵之琛、屠倬、杨澥、胡震、钱松等为代表，浙派实力之雄厚于此可见一斑。

娃娃年画的雅俗文化

康熙、雍正年间，社会祥和平安。康熙制定的教民榜，大多为宣扬孝敬父母、尊敬长者、和睦邻里、教训子孙、各安生理、毋作非为的圣谕，深受百姓的欢迎。年画则以百姓家庭生活为主要表现内容。

在年画中，女性与娃娃成为表现的主题，《连生贵子》《福寿安康》《葫芦万代》《榴开百子》《桂序升平》《四季平安》等仕女、娃娃画大量出现。

娃娃年画最有影响的是杨柳青年画。清朝初期，在增强国力、稳定民心、家庭和睦、多子多福的思想影响下，娃娃题材成为杨柳青年画的时尚内容。

"十不闲"是清代中期兴起的一种曲艺表演形式，是由安徽凤阳民歌演变而来，在天津的茶馆与戏园演出，演出时演员自我伴奏，同时演员进行说唱表演。

杨柳青年画《十不闲》为表现"十不闲"演奏的热烈场面,画面采用均衡构图。画面中间一娃娃正在演奏"十不闲",左边三个娃娃一人吹唢呐,一人拉二胡并与另一娃娃谈笑风生;右边两个娃娃一个弹琴,一个与其说笑;画面中间演奏"十不闲"的娃娃向左看,使得画面中心的视觉张力向左延伸。但为了均衡画面,伸长的唢呐又伸向画面中间,平衡了画面的左边。而画面右边的两个娃娃,相对于画面左半部的人物,显得有些孤立,但错落重叠的桌子和椅子,加强了这两个人物的纵深感。像是在剧场里边演奏"十不闲",但画面里所有的演奏者都是白胖可爱的娃娃,寓意家族子孙兴旺、幸福安康。

娃娃年画《十不闲》色彩柔和、清新、淡雅,造型生动、工细。画面既透出了传统中国文人画的气质,也显现出西洋绘画对于中国传统绘画的影响,是雅俗共赏的年画作品。

扩展阅读　北方木版年画:杨柳青

民间绘画是民族绘画的基础,也是民族文化意识最广泛而普遍的反映。清代由于距今时间较近,大量的民间绘画被保存,这些民间绘画让我们从直观上体会到民族文化发展的基本脉络。一般来讲，民间绘画作为绘画艺术的基础形态较难分类。在此，我们将其分为民间木版年画、建筑壁画、唐卡与其他民间绘画等。这里，我们重点说一下木版年画。

木版年画是木版画中的大项。内容题材丰富，形式多样，形象完美，色彩鲜明，是历来深受人民群众喜爱的民间绘画形式。杨柳青、桃花坞、潍坊木版年画等最具有代表性。

据统计，全国木版年画的产地有京津的杨柳青、炒米店、东丰台，江苏的苏州桃花坞、南京、南通、无锡，山东的潍坊、平度、高密、泰安、兖州，河北的武强、张家口，四川的绵竹、夹江，陕西的凤翔、关中；河南的朱仙镇、郑州、灵宝，甘肃的天水，山西的临汾、长治、太原、大同，安徽的临泉、亳县、宿县、太和、阜阳、歙县，浙江的杭州、绍兴、宁波，湖南的楚南滩、辰州，江西的九江、南昌，广西的柳江，广东的佛山，福建的漳州、泉州，台湾的台南等地。

其中历史最久远、出品量最多、影响力最大的，要数天津的杨柳青、苏州的桃花坞和山东的潍坊木版年画。河北武强、四川绵竹等地的木版年画也具有相当的影响。

杨柳青镇位于天津城西，水运交通发达，景色优美宜人，市肆街景繁荣，被人们称为北方的"小苏州"。光绪年间，全村有七千余户，数代相传，家家都会点染，户户皆擅丹青，是北方木版年画的重要发源地。

从留传下来的一些珍本实物看，杨柳青刻印年画之始，至少不晚于明代末期。最早最有影响力的作坊有戴、齐两家。戴家经营画店，传至清乾隆年间的戴廉增，已是第九世了。从戴廉增、齐健隆两家逐渐发展为"廉增""健隆""惠隆""健惠隆""美丽""廉增丽"六大家，后又增加

"宪章""增华斋""义盛和""亨通""松竹斋""荣昌"等多家。在盛期，以杨柳青为中心，周围有三十多个村庄从事年画生产，一般较大的画坊约有二百名工人进行刻制、印刷工作，有五十多个画案同时印刷。

  在此规模下，杨柳青一地每年印刷年画可达一百万张以上。其风格受到清代院体绘画及殿版版画的影响，用线精细纤巧，秀丽柔媚，用色热烈而协调，并增加多种颜色套版，画面效果向繁密富丽的方向发展。这时的木版年画，以前不多见的整张粉帘纸大的尺幅已经很普通了，这表明鼎盛时期的杨柳青木版年画，不仅技术上日益完善，产销量巨大，而且在艺术上也形成了鲜明的风格。

第八章

宫俗民风——别具特色的清代生活

民风习俗指的是个人或集体的传统风尚、礼节、习性,是特定社会文化区域内人们共同遵守的行为模式或规范,主要包括民族风俗、节日习俗、传统礼仪等。

宫廷宴享乐舞习俗

据《清史稿·乐志》记载，清代用于宫廷宴享的乐舞叫《队舞》，承袭宋代宫廷宴乐舞蹈。清代的宫廷宴乐舞蹈，具有鲜明的民族色彩。舞蹈名称、内容、表现形式的变化，反映了那个时代民族融合的印迹。

《队舞》最初名《莽势舞》（亦称《玛克式舞》，乾隆八年（1743）改各色队舞总名叫《庆隆舞》。伴奏乐器有琵琶、三弦、奚琴、筝、拍板等，还有人击掌打拍子。

表演时，首先是《扬烈舞》上场，十六人身穿黄布画套，又十六人身穿黑羊皮套，全都戴着面具，扮作"野兽"跳跃掷倒；另有八人，骑竹马，分两翼上，先向北叩一头，然后就奔驰旋转起来，其中一人向一"野兽"射了一箭，其他"野兽"就被降服了。

清代姚元之编著的《竹叶亭杂记》中有一段描绘，《庆隆舞》是每年除夕时跳的舞，《庆隆舞》中的《扬烈舞》，"以竹作马头，马尾彩缯饰之，如戏中假马者。一人屣高跷骑假马，一人涂面身着黑皮做野兽状，奋力跳跃，高跷者弯弓射。旁有持红油簸箕者一人，箸刮箕而歌。高跷者逐此兽而射之，兽应弦毙，人谓之'射妈狐子'"。这一舞蹈的创作，源于这样一个传说：清朝建立之初，满族人曾到过达斡尔族黑龙江流域一带，踩着高跷，骑上假马，把当地一头猛兽射死了。达斡尔人以为是神，于是归服清王朝并由此作了这个骑假马踩高跷、射野兽的《扬烈舞》。这个传说和《扬烈舞》的创作，既反映了东北兄弟民族的狩猎生活，又歌颂了开发、巩固边疆的历史功绩。

《扬烈舞》表演完毕，《喜起舞》上场，十八（或二十）名大臣，恭恭敬敬地穿上朝服，进入宫殿正中以后，三叩头，又排成两行对舞，舞毕，叩头，退下。这不像舞蹈，更像行礼。

乾隆十四年（1749），清军进入金川，作《德胜舞》。乾隆二十五年（1760），清军进入西域，又增制《德胜舞》。

清代宫廷曾做过如下规定：《庆隆舞》用于殿廷朝会宫中庆贺宴飨；《世德舞》用于宴宗室；《德胜舞》用于庆祝战争胜利，凯旋筵宴。伴奏乐队四十人，乐器有奚琴一、琵琶三、三弦三、节十六、拍十六。

这种规定表明，清代官乐舞制度有部分改变：一是《庆隆舞》已不是清代宫廷宴乐队舞的总名，而是"队舞"之一种；二是由大臣亲自起舞的《喜起舞》不包括在内；三是不再具有浓烈的战斗气息，表演当场射死野兽的《扬烈舞》不包括在内了。当时宫廷那些歌功颂德、炫耀武功的乐舞，大都是一些仪式化的舞蹈。

清宫宴乐舞蹈除上述队舞外，还包括其他民族及域外诸国乐舞。

《瓦尔喀部乐舞》是瓦尔喀部的民间乐舞。瓦尔喀部是女真族的一个部落，原居住在吉林长白山麓和黑龙江中下游，16世纪末至17世纪初，先后被努尔哈赤与皇太极合并。《朝鲜国俳》为朝鲜乐舞技艺表演,俳长一人戴面具从右边上,"掷倒伎"(杂技跟斗演员)十四人从左边上,从东向西依次表演各种技艺。《回部乐》指新疆地区的乐舞,表演时先"作乐"(演奏乐曲),接着两人对舞,最后是两个舞盘表演。这里的"舞盘",可能是新疆古老的民间舞——《盘子舞》,舞者双手执盘,指夹筷,敲击节奏而舞。维吾尔族舞蹈家康巴尔罕青年时曾向老艺人学习《盘子舞》,经过她改编加工后的《盘子舞》,极负盛名,此舞至今仍在流传。此外,《番子乐》为藏族乐舞,《廓尔喀部乐》为尼泊尔乐舞,《缅甸国乐》为缅甸乐舞,《安南国乐》为越南乐舞。

这些以族名、地名、国名为乐部名称的乐舞,具有鲜明的民族风格和地方特色,其表演颇为精彩,富有生气。

清代的冰嬉运动

冰嬉,又叫滑冰,是中国古代皇宫中的一项冰上体育娱乐活动。我国有关滑雪、滑冰的记载,最早见于《隋书》。当时居住在大兴安岭一带的室韦族"骑木而行",按元代人解释,木马形如弹弓,长四尺,宽五寸,一左一右，系于两足，激而行之雪中冰上，可以及奔马。可见，这里的"骑木"，实际上是滑雪用的滑板。

每年冬至以后，清朝皇帝便在西苑太液池举行大规模的冰嬉娱乐，此时的冰嬉已不同于明代的单为帝王提供娱乐，而是一种含有军事意义上的比武和演练了。正如乾隆所说的"冰嬉为国制所重"，是继承和发扬祖宗遗训的体现。

据史料记载，赫哲族人（居住于兴安岭地区）也善于滑雪，他们在三百年前就制造了滑板及滑雪法。《黑龙江志稿》中说："赫哲人擒兽之器曰'踏板'。值雪深数尺，以木板长五尺，贴缚两足，手持长竿，如泊舟之状，划雪上，前进则板乘雪力，瞬息可出十余里。"

明天启五年（1625）正月初二，努尔哈赤曾率满、蒙、汉诸王贝勒官员及后宫妻妾在浑河支流太子河上进行冰上娱乐，其内容中一项是诸王贝勒率随从将士在冰山踢行头，即所谓"蹴鞠之戏"，参加者全都为男子，他们既要在冰上快速奔跑抢球，又要以一足立于冰上一足踢球，难度相当大。另一项是努尔哈赤和后宫妻妾坐到冰河中央观看女子冰上赛跑，由满、蒙、汉诸王贝勒官员的福晋妻妾分组进行，冰上赛跑争夺十分激烈，胜者和参加者都可以获得一份数目不等的银两赏赐，最后由努尔哈赤在冰上举行盛大宴会，款待参加冰上竞赛的全体人员。

明崇祯十五年（1642）正月初八和十五日，在盛京城浑河冰上，也连续举行过两次冰上娱乐盛会，其内容之一就有大规模的"蹴鞠之戏"，以此锻炼官兵的体魄，增强抗寒能力，提高他们的运动技巧。据《清语择抄》所载，冰上运动的训练也是清军克敌制胜的法宝，故清军入关后，将冰嬉作为"国制"永存，皇室也将此奉为经久不衰的"家法"，并将这一典制记载于《钦定大清会典》之中。

乾隆帝每年冬至以后常常亲临西苑太液池举行盛大规模的冰嬉活动。此时，乾隆由王公贵族及文武百官陪同，检阅驻京八旗将士和内务府上三旗官兵，举行冰上滑冰、蹴鞠、校射、杂技等形式多样的表演，场面十分壮观。乾隆在《塔山南面记》中记载："其后为庆霄楼，每逢腊日，奉皇太后观冰嬉之所也。"当宫中钦天监博士选择好黄道吉日、冰场上做好各种准备工作后，冰嬉运动就正式拉开帷幕。

第一是滑冰，它作为皇帝每年冬天检阅军队技艺的项目之一。富察敦崇的《燕京岁时记》中载："冰鞋以铁为之，中有单条缚于鞋上；身起则行，不能暂止。技之巧者，如蜻蜓点水，紫燕穿波，殊可观也。""护膝以带，牢鞋以韦"，拉开阵势，整装待发。太液池上的滑冰游戏地点并不固定，主要视冰层的薄厚和冰质光滑、坚硬程度而定，游戏场址有时在五龙亭、阐福寺、瀛台等地。届时，御前侍卫率八旗兵队排列整齐，当皇帝安坐冰床后，礼炮立即响起，滑冰运动员倾巢而出，似离弦之箭，流星追月一般，银白的液池内冰沫飞溅，仿若"硱硡殷麟，杂沓震叠"，眨眼间就飞驰至皇帝御冰床处。如此激烈热闹、生龙活虎的场面，乾隆不禁诗兴大发，夸之为"迅似岩飞电""拟议弦催箭"，并用"列子驭风""夸父追日"等典故来形容。

第二是"蹴鞠之戏"，类似于今日的冰上球类游戏，兵分左右两队，每队人数十人。各有统领，左队运动员穿红衣，右队运动员穿黄衣，分位而立，由御前侍卫将皮革制成的皮球踢至两队中央，双方队员群起而争抢之，真可谓"珠球一掷，虎旅纷来"，惊心动魄，使帝王及文武百官陶醉其中，比赛得胜者将会得到皇帝赏赐的重奖。

第三是校射运动，也称"转龙射球"。冰上校射是清代宫廷每年冬天举行的一项规模宏大的盛典。由朝廷在八旗官兵中"照定数各挑选善走冰者二百名""于西苑三海验冰习武"。所谓验冰，就是检验冰层厚度，要击声如石，方可滑冰。赛场设三个饰有彩旗的旗门，门上方正中悬彩球，作滑射之用，特别是在近御座处设旗门，上悬一球，称为"天球"；下置一球，曰"地球"。参赛者分为两翼，每翼头目十二名，穿红黄马褂，射球手们随着彩旗飘扬，奔向旗门，"闪如曳电，疾若奔星"。道光帝《御制观冰嬉应制》诗云"彩球连命中，羽筈叠相鸣""鸟翔旗色初分队，鱼贯髇声每应弦"，赛事结束时，最后执旗者为一幼童，示意为龙尾。

第四是冰上杂技表演。据北京故宫博物院珍藏的乾隆时期所绘的《冰嬉图》所画，冰上杂技表演内容极为丰富，有"大蝎子""金鸡独立""哪吒探海""鹞子翻身""仙猴献桃""童子拜观音""凤凰展翅"及"双飞燕"等，表演生动逼真，令人眼花缭乱，将冰嬉活动烘托到高潮阶段。

道光以后，冰嬉运动已经成为专供宫廷娱乐的竞技活动。慈禧不但喜欢观赏冰嬉，而且还在西苑中海之中建水阁一座。盛暑炎热之际，凭阁可以观赏荷花；银装素裹之时，她便赏阅冰嬉，或乘坐冰床在太液池冰上，令太监们牵引。

民族节日歌舞文化

我国是一个多民族的国家，除了一些全国性的大节日外，各民族还有许多特有的传统节日。民族节日大都形成于各民族漫长的历史发展过程中，是本民族心理、伦理观念和宗教信仰长期积淀形成的精神现象，其中包含着民族传统的习俗、礼仪、文学、歌舞等众多的文化遗存。民族节目是集中反映民族文化风貌的窗口，我们可以从中感受到民族歌舞与民族生活的血肉联系。

火把节盛行于云南、四川、贵州等省。在云南，它是灯节之外又一隆重的大节目，很多民族如彝族、白族、佤族、拉祜族、傈僳族、普米族、哈尼族，包括汉族都过这一节日。清乾隆时编撰的《陆凉县志稿》载："（六月）二十四日为星回节（即火把节），街衢燃松炬，醵饮。村落列炬插田，设牲醴祈岁。此本夷俗，今革之。"说明至少在乾隆时代之前，火把节已是广为通行的大节了。各民族火把节都有自己庆贺的内容和方式，但都离不开"火"和多彩多姿的传统歌舞。据《阿迷州志》记载：

"（六月）二十四日为星回节，燃火炬以驱蝗螟。彝人更于此日吹芦笙、击巨镘，互相跳跃，歌扑以戏。"民国初年《禄劝县志》记载："男女齐会，四面绕坐，脍豕肉，饮酒，歌舞杂沓，以趁盛节。"

打歌，云南巍山彝语称"欧克"，汉文称"踏歌"。绘于乾隆年间的巍宝山龙亭壁画《彝族踏歌图》，生动地描绘了当年的打歌场面。画面中心有一人吹笛，两人吹笙，一群人正围着他们踏地起舞。圈外有一人弹月琴，一人右手执扇在唱调子。打歌作为彝族古老的传统舞蹈，形式多样，各具特色，活动范围也很广，不仅活动于各种节日中，也盛行在彝家的婚、丧及祭祀活动等场合。诚如彝家谚语所说："生活离不开水火，彝家离不开打歌。"至今打歌仍是彝族生活中最盛行的舞蹈。

芦笙舞在苗族生活中的功能是多方面的。在战斗中，它鼓舞士气；在苦难的境遇里，它给人以慰藉和勇气；在昔日频繁的迁徙路上，它起着团聚族人、传递信息的作用，同时也具有区别不同支系的功能；而在跳月场上，它主要起着"神媒"的作用。通过它，小伙子充分显示自己的力量、智慧、机敏和舞技的高超，姑娘们在舞步中观察对方的同时，也着意展现自己的心灵手巧、聪慧美丽。而芦笙曲和舞，就是他们互相交流的心声和情侣之间的绵绵细语。苗族有民谣说"苗族不跳花，儿女难成家""苗族不跳花，稻谷不扬花"，可见苗族人民对这一节日的重视。

调年会是土家族的传统节日，土家语为"社巴日"，"社巴"意为摆手，"日"即做、玩或舞的意思。所以按土家语直译，也就是跳摆手舞。以舞名作为节日的名称，也可见此舞在节日活动中的重要位置。

摆手舞起源甚早，到清代仍为土家族生活中重要节令活动之一。《苗防备览》记："土俗各寨，有摆手堂。每岁正月初三至初五、六之夜，鸣锣击鼓,男女聚集,摇摆发喊,名曰'摆手',尽被除不祥也。"

摆手舞的活动内容和形式各地不完全相同。一般在农历正月初三到十五举行,但也有在二三月举行的,称"二月堂"或"三月堂"。活动有大小之分,"小摆手"多在土家村寨近旁祭土主的小庙前举行,规模小,人数少,舞蹈也不全套都摆,只摆反映农事劳动的部分。参加者歌舞齐作,歌词内容也以农事为主:"嗬嗬也,也也嗬,包谷长得像牛角,小米长得像缆索。"这些歌舞内容具有祝愿风调雨顺、五谷丰登的春祈意义。此外,还有青年男女的赛歌活动,以唱情歌为主,摆手坪也就成了青年人择偶交往的最佳场合。

宫廷游戏"九九消寒图"

古时候,人们将冬至后的81天分为9段,称作"冬九九",也就是所谓数九寒天的由来。在寒冷的冬天,室外活动受到限制,人们为了充实自己的文娱生活,便发明了"九九消寒图"这种游戏。

"九九消寒图"究竟出现在何时,尚未见到确切的记载。南朝梁的宗懔所撰《荆楚岁时记》一书中有"俗用冬至日数及九九八十一日,为寒尽"的说法，这是有关九九消寒风俗的最早记载。而最早记述"九九消寒图"的是元代诗人杨允孚的《滦京杂咏》，其中一首诗云："试数窗间九九图，餘寒消尽暖回初。梅花点遍无餘白，看到今朝是杏株。"杨允孚又注解说："冬至后，贴梅花一枝于窗间，佳人晓妆，日以胭脂图一圈，八十一圈既足，变作杏花，即暖回矣。"可见，"九九消寒图"的游戏，在元代已经产生。

明代宫廷中盛行填画"九九消寒图"的游戏。每年冬至节前，司礼监印刷许多"九九消寒图"，由宫眷们贴在墙壁上。一般是画青梅一枝，为瓣八十一。自冬至日起，每日用丹笔染一瓣，过九天为一九，九个九天共八十一天，待瓣染尽则寒冬消逝，春天来临。有的在消寒图上还要书以"九九消寒歌"，例如一九："冬至才过一九逢，家家闭户避寒风。风送雪花如斗大，飞来飞去满空中。"

清代宫廷中填画"九九消寒图"的游戏更加盛行，并在花样上愈加别出心裁。道光皇帝御制了一幅"九九消寒图"，上书"亭前垂柳珍重待春风"九字，每字都是九笔，符合九九之数。从一九第一天开始填起，逐日填廓，每字九笔，每笔一天，每填写完一字，便过一九，全句填完，九九八十一天也就过完了。用朱笔写完当天一笔后，还要在笔画上用白笔填写上当天的天气情况，如"过午狂风""天气清凉，微风扑面""终日凉风侵入皮肤，如刀刺""大雪纷飞"等。当一幅"九九消寒图"填写完，便成了一冬的天气记录。"九九消寒图"除供娱乐消遣之外，在当时还是记时、记气候的有效工具。此外，还有书"春前庭柏风送香盈室"九字为一幅消寒图的。

清朝末年，皇帝溥仪退位之后，生活空虚无聊，他的侍臣编制了两种

"九九消寒图"供他娱乐消遣。一种是"井"字形,九宫格,每格内有九个圆圈,共为81个圆圈,一天画一个圆圈,九个圆圈画完,表示过一九。在圆圈内则用我国古代的阴阳鱼图案来表明天气情况。阴阳鱼由黑白两色组成,一个圆圈中,一半是黑,一半是白,构成阴阳相对,黑色象征阴天,白色象征晴天。在黑的一半中有一白眼,在白的一半中有一黑眼,形状似鱼,故名阴阳鱼。另一种"九九消寒图"亦叫"消寒益气歌",共有九个方格,格内绘有九个圆圈,采用"上点阴,下点晴,左风右雨雪当中"的方法,在圆圈上加点,表示天气变化情况。每格又都有图名和歌词,所以叫"消寒益气歌"。

此外,还有"九九消寒诗图"等形式。诗图是每一九为四句诗,共36句。全诗252个字又环绕着"雁南飞哉柳芽待春来"9个字,组成葫芦、寿桃、花朵等形状,既可读咏,又可填画,很有艺术性。

"九九消寒图"作为一种高雅的冬季娱乐活动,在中国古代娱乐文化的百花园中,可谓是独出心裁。

宫廷宴饮游戏

明清时期,随着社会经济的发展,宴饮奢华之风带动了各种游戏活动的开展。明代宴饮中的助兴游戏主要有掷色、投壶、猜枚。何良俊说:"余处南京苏州最久,见两处士大夫饮酒,只是掷色。盖古人亦用骰子,惟松江专要投壶猜枚,夫投壶即开起坐喧哗之端矣。然恐昔日祭征庸之雅歌投壶,未必如是。猜枚乃藏阄射覆之遗制。"此外,还有明代宴饮博戏中新创的马吊、叶子戏、升官图等成为娱乐之流行，特别是由马吊发展出的马将（即麻将）在明清时期初显其游戏之欢娱。

宫廷围棋的盛行

清朝是围棋发展的又一个高峰时期，从明末到清康熙初年的50多年中，棋坛高手辈出，如盛大有、汪汉年、周东侯、何暗公等。一时间群雄争霸，各显其能，直至黄龙士异军突起，征服群雄，独霸棋坛。

当时的著名学者阎若璩把一些社会名望高、学问造诣深、受世人敬重的人，如顾炎武、黄宗羲等，合称为"十四圣人"，黄龙士也被尊为其中之一，足以看出他受推崇的程度。清代继黄龙士、徐星友之后又出现了两位棋圣：范西屏和施襄夏。两人同为浙江海宁人，称雄棋坛40多年，范西屏编著的《桃花泉弈谱》和施定庵编著的《弈理指归》对后世影响深远。

围棋作为中国的一种传统的文化活动，其意义已不仅仅是棋艺游戏的范围，它已成为集中体现人们的思维方式、人际关系、社会文化氛围的一种活动，凝聚着中华民族的传统文化。

围棋是中国古代阴阳思想的一种特殊表现形式，黑白子在棋局上变化万端，演绎出种种玄机，其棋理本身就是中国古代哲学智慧的表现。

围棋还具有特殊的文化品位和审美情趣。它强调人生、棋理与自然的结合，讲究天人合一和万物一体的境界，能使人充分领悟到宇宙、人生的奥妙。

清代帝王后妃也大都喜欢围棋，以示风雅。故宫博物院珍藏了一套反映乾隆时代宫中嫔妃生活的牙雕组画——《月曼清游图册》，该册共12开，分别描绘嫔妃们一年12个月中的节令活动，其中第二开中绘有6个女子下围棋的场面。清高宗弘历题有这样的诗句："胭脂匀缀小桃枝，别苑春和二月时。镜户团圞清昼永，楸枰斜倚共敲棋。"这说明围棋活动在嫔妃中是较为盛行的。

晚清时慈禧太后也好下围棋。故宫博物院藏有一幅《慈禧对弈图》。图中慈禧端坐在雕花的绣凳之上，旁置华美的紫檀木方桌，其上摆有精致棋具：木胎朱髹漆棋盒，黑白两色晶莹润泽玉制棋子。慈禧右手拈着棋子，正准备落子，桌旁立一陪弈的太监。该图画得很精细。

故宫中的一些殿堂庭院中至今还保留着不少当年清宫围棋的实物。如养心殿后殿内炕桌上陈设着一副精致的棋具，木胎髹漆的棋盒，青、白玉石制成的围棋子。建福宫花园中还有刻有围棋盘的石桌。故宫图书馆内还保存着不少清宫收藏的围棋古谱。可以想见，清代宫廷围棋盛行的情景。

在明清墓葬中，也时常有围棋文物出土。1971年，山东邹城明鲁荒王朱檀的墓葬中出土一副围棋。出土围棋子357枚，黑子176枚、白子181枚。棋子分别装在木胎黑漆的圆棋盒里，盒上画金色勾连雷纹。棋盘为四折硬纸，四周裱以纸边。这副围棋便于携带、存放，很可能是朱檀生前常用之物。

清代双陆棋具

清代的双陆文物保存最好,其中以乾隆年间制的双陆棋具最为精致。全套双陆棋具,由玉质双陆子30枚、骰子5粒、1套牛角质叶子牌、20根乌木筹、8根方形牙筹棍、12根扁圆筹棍、39根黄杨木筹棍、4根牙牌、20根细牙筹棍和镇纸、珐琅小碗各一个组成。这些东西装在一个长13厘米,宽10.4厘米,高2.5厘米的紫檀木盒中。这套双陆棋具堪称稀世之宝。

鼎盛的茶馆文化

中国的茶文化在清代发生了很大的变化,开始从文人文化向平民文化转变,茶开始与普通百姓的日常生活结合起来,成为民间俗礼的一部分。茶在民间普及的一个重要表现就是茶馆的兴起。

"茶馆"一词,最早见于明代的史料。明末张岱《陶庵梦忆》中有"崇祯癸酉,有好事者开茶馆"的记载,而后茶馆成为通称。在明代末期,北京曾出现过有一桌几凳的简易露天茶摊。

茶馆的真正鼎盛时期是在清代。清代的茶馆不仅数量多，而且种类繁多，功能齐全。据有关资料记载，康熙、雍正、乾隆时期，仅杭州就有大小茶馆八百多家。吴敬梓的《儒林外史》中也有这样的记载："庙门口都摆的是茶桌子，这一条街，单是卖茶，就有三十多处，十分热闹。"由此可见当时茶馆的繁盛。

民间流传着很多乾隆与茶的故事，涉及种茶、饮茶、取水、茶名、茶诗等。相传，乾隆皇帝南巡杭州，在龙井狮子峰胡公庙前饮龙井茶时，赞赏茶叶香清味醇，遂封庙前十八棵茶树为"御茶"，并派专人看管，年年进贡，"御茶"至今遗址尚存。乾隆十六年（1751），他初次南巡到杭州，在天竺观看了茶叶采制的过程，颇有感受，写了《观采茶作歌》，其中有"地炉微火徐徐添，乾釜柔风旋旋炒。慢炒细焙有次第，辛苦功夫殊不少"的诗句。皇帝能够在观察中体知茶农的辛苦与制茶的不易，也算是难能可贵。乾隆晚年退位后仍嗜茶如命，在北海镜清斋内专设"焙茶坞"，悠闲品尝。他在世八十多年，为中国历代皇帝之寿魁，喝茶也是他的养生之法。

明清时茶馆成了人们休闲放松的重要娱乐空间。举办诗会、笔会，诚邀文人雅士饮茶赋诗、舞文弄墨以增添茶馆的雅致；听一段评弹鼓书、观一出茶园戏剧成了有闲阶层趋之若鹜的饮茶风尚；押宝掷骰、抹牌"上册"引得无数平民百姓流连茶馆暂忘生活所累。

茶馆不仅与文人雅士联系在一起，而且与表演艺人密不可分。茶馆与戏曲结合始于宋代，当时茶馆就有茶博士随侍，有时还有艺伎吹拉弹唱，名士官吏点唱，或艺人卖唱供欣赏。随着元明曲艺、评话的兴起，茶馆就成了这些艺术活动的理想场所。《杭俗遗风》载，明清以后，杭州评话问世，茶馆又成了艺人献艺的场所。这时的茶馆已具有了茶园的雏形，至清代茶馆和艺术结合就蔚然成风了。

特别是清代中叶以后，南方的评弹艺人、北方的鼓书艺人将茶馆当成他们演艺的主要场所。有评弹鼓书的书茶馆一般比较雅致，墙上张挂字画，桌椅分不同档次，高档的是藤椅，一般的是木椅。室内靠墙处有一小木台，上摆一条桌，罩以洁净的蓝布，做评书或鼓书艺人的表演场地。

北京东华门外的东悦轩、天桥的福海轩都是当时有名的书茶馆。上海则主要集中在城隍庙一带。书茶馆不仅在城市中为人们所钟爱，而且也进入到乡镇百姓的生活中，许多人到茶馆喝茶的主要目的就是听书。

随着戏曲节目在茶馆中演出的兴盛，有的茶馆被称为"茶园"。咸丰、同治以后，有些戏园子干脆改称茶园，以广和楼最有代表性。听书观剧比饮茶更为重要了，茶客到茶馆主要追求的就是赏剧时的精神享受，喝茶反倒成了一种点缀，茶客结账叫付书钱而不叫茶钱。京城南部天桥一带的茶馆是以表演曲艺见长，梅花大鼓、京韵大鼓、含灯大鼓、单弦、双簧、相声、杂耍等都有演出。

在茶馆里看电影成了清末民众接触到的新鲜事。电影是清末从西方传入中国的，当时被称为西洋影戏。1896年8月11日，法国商人在上海徐园"又一村茶楼"内放映了法国影片，这成为电影正式传入中国之始的标志。

另外，上层人士中还有一种从西方引进的"交际茶舞"娱乐形式。清代的交谊舞是19世纪中叶由西方人带入中国租界的西洋舞。跳交谊舞在清代是一件非常新鲜的事，以跳华尔兹、探戈、列队方阵舞为代表的交际舞逐渐演变为清末一些上层人士的娱乐活动。1897年，上海蔡钧为配合慈禧

第八章　宫俗民风——别具特色的清代生活

"万寿庆典",在上海洋务局举办盛大舞会,这是中国官方举行的第一次大型舞会。19世纪末20世纪初,英国商人在上海开设的礼查饭店首次举办"交际茶舞",每逢周末,举办舞会至深夜。但这种舞会是西方人的自娱活动,不对外开放,只是晚清某些上层人士的一种娱乐方式,并没有广泛流行于民间。